KB040029

철학의 숲

동화와 신화 속에 숨겨진 26가지 생각 씨앗을 찾아서

철학의 숲

브렌던 오도너휴 지음 | 허성심 옮김

포레스트북스

추천의 글 1

『철학의 숲』을 만나게 되어 정말로 반가워요. 2016년 대통령 관저에서 열린 회의를 통해 우리는 철학은 지금 이 시대에 꼭 필요한 가치이자, 청소년이 멋진 어른으로 성장하기 위해 반드시 알아야 하는 교육이라는 데 모두 동의했어요. 그런 뜻을 담은 책이 나오게 되어 저뿐만 아니라 마이클 히긴스Michael D. Higgins 대통령(아일랜드 제9대 대통령)도 매우 기쁘게 생각한답니다.

먼저 많은 아이들이 교실에서 철학의 즐거움을 느낄 수 있도록 애써준 저자 브렌던 오도너휴에게 진심으로 축하와 감사의 인사를 전합니다. 일러스트레이터 폴라 맥글로인의 삽화 역시 두말할 필요가 없지요. 흥미진진한 이야기와 그림은 아이들의 상상력을 자극하고, 철학자의 지식에 더 쉽게 접근할 수 있도록 도와주고 있어요.

이 책을 통해 독자 여러분의 생각은 '어떻게 살아야 하는가?'와 같은 물음을 던진 위대한 철학자에게 연결될 거예요. 이를 통해 무궁무진하게 넓은 철학의 세계가 보여주는 경이로움에 마음을 열고 다가갈 수 있을 거예요. 여러분 모두가 이 책을 통해 멋진 철학 탐험을 즐기기를 바랍니다.

아일랜드 영부인

사비나 히긴스 Sabina C. Higgins

추천의 글 2

고전의 반열에 오른 동서양의 동화와 우화 그리고 신화 등 우리 아이들이 읽을거리는 주변에 아주 많아요. 아이가 그런 책을 읽고 핵심을 파악하여 깊은 생각, 즉 '철학적 탐구'를 할 수 있다면 얼마나 좋을까요? 하지만 아이가 스스로 찾아 읽는 것도 흔치 않은 일이고, 설령 읽는다고 해도 속속들이 제대로 의미를 파악하기란 쉽지 않아요. 아이들이 스스로 찾아 읽을 만큼 재밌으면서도 생각의 폭을 넓혀줄 수 있다면! 누군가 이런 일을 멋지게 해결해주었으면 하고 간절히 바라던 차에, 지구 반대편 멀리 아일랜드의 한 철학 교육자가 이 같은 획기적인 일을 해냈어요. 그리고 우리말로 옮겨져서 마침내 청소년의 품에 『철학의 숲』이 들어오게 되었네요.

이 책은 총 스물여섯 편의 주옥같은 이야기로 이뤄져 있어요. 서양의 그리스 신화나 아리스토텔레스Aristotle, 플라톤Platon 등의 사상과 함께 동양의 노장사상老莊思想(노자와 장자가 주장한 자연의 순리에 따를 것을 주장하는 사상을 말해요)과 옛 고사 등 어느 한쪽에 치우치지 않고 동서양의 이야기를 골고루 다뤘지요. 모든 이야기마다 호기심, 질문, 용기, 정의 등의 주제를 갖고 있고, 해당 주제를 논한 저명한 철학자의 견해가 짤막하게 실려 있어요. 그러므로 이 책을 읽으면 자연스럽게 깊이 있는 독서를 할 수 있어요. 재밌는 이야기를 읽었을 뿐인데 자신도 모르게 사고와 생각의 폭까지 넓어질 거예요. 그 어떤 책이 이토록 간결하면서도 이만큼 깊이 있게 최고 철학자들의 손길 안에서 독자 스스로 뛰어놀게 해줄까요?

끝으로 이 책을 읽는 독자 여러분에게 한 가지 부탁하고 싶은 것이 있습니다. 이야기를 읽은 뒤 반드시 자기 나름의 '질문'을 만들어보길 바랍니다. 그리고 해당 주제에 대한 철학자들의 코멘트를 읽고 또 생각하고, 질문을 정리하고 다듬어보세요. 오직 여러분만의 질문과 멋진 생각이 완성될 것입니다.

어린이철학교육연구소 소장

박민규

들어가며

마법에 걸린 철학의 숲으로 떠나는 모험에 여러분을 초대합니다. 이제 여러분은 신비로운 숲의 문 앞에 서 있답니다. 새로운 곳이 낯선가요? 하지만 여러분 옆에는 숲의 길잡이가 있어요. 두 명의 생각 대장이 길 안내를 해줄 거예요.

생각 대장은 본인의 생각과 꿈이 어디에서 생겨나는지, 그것이 사실인지 아닌지 정확히 알지 못해요. 그래서 언제나 질문하고 또 생각해요. 이들은 모험도 아주 좋아해서 우리가 갈 새로운 세상의 문을 힘차게 열어줄 거예요. 단 우리는 '그냥' 생각하려고 길을 따라가는 게 아니에요. 자기만의 주관을 갖고 새롭고 과감한 사고를 하기 위해 생각 대장과 함께 탐험에 나서는 거예요.

먼저 미지의 세상으로 발을 내딛기 전에 '철학이란 무엇인가?'라는 질문부터 생각해보기로 해요. 이 책의 제목을 생각하면 매우 중요한 질문이에요. 우선 '철학'이라는 말의 의미를 생각해볼까요? 철학을 의미하는 영어 단어 'Philosophy'는 고대 그리스어에서 파생된 것으로 'Philo(어떤 것을 좋아한다)'와 'Sophia(지혜)' 두 단어로 구성되었어요. 번역하면 '지혜에 대한 사랑'이에요. 지혜에 대한 사랑과 지혜를 추구하는 행위를 가리켜 철학이라고 하고, 지혜에 대한 사랑을 가득 품고 있는 사람을 철학자라고 해요.

철학은 기본적으로 모험이나 다름없어요. 지혜를 찾아 나설 준비가 되어 있다고 해도 우리가 어디에 도착하게 될지 알 수 없고, 바라던 목적지에 도달할 수 있을지도 알 수 없기 때문이에요. 다행히 위대한 철학자와 다른 분야의 사상가가 쓴 글을 통해 우리는 지혜로운 삶을 위한 지도를 얻었어요. 하지만 지도에는 정답이 없어요. 위대한 사상가가 만든 지도에 의존할 수도 있지만 결국은 여러분 스스로 지도를 만들어야 해요.

하지만 걱정하지 마세요. 철학의 숲에서 여러분과 생각 대장은 한 번도 보지 못한 신기한 세상을 접하게 되고 아주 흥미로운 신과 사람, 동물을 만나며 나만의 지도를 완성하게 될 테니까요. 여행 중에 만나는 모든 존재는 어마어마한 호기심을 불러일으키고, 새로운 눈과 마음으로 세상을 볼 수 있게 해준답니다.

자, 이제 책 속으로 들어가볼까요? 신기하고 재밌는 일과 여러분의 생각 사이에서 길을 잃을 준비가 되었나요? 철학의 숲에선 길을 잃는 것을 환영해요. 숲속으로 더 깊숙이 들어가다 보면 분명 다시 길을 잃겠지요. 그래도 결코 탐험을 멈추지 말아요!

저자

브렌던 오도너휴

··· 차례 ···

첫 번째 숲
처음 만나는 철학 세계

두 번째 숲
모든 것에 의문을 품기 시작하다

CHAPTER 3

세 번째 숲
마침내 나의 세상이 넓어졌어요

CHAPTER 1

첫 번째 숲
처음 만나는
철학 세계

"미지에 대한 두려움은
죽음에 대한 두려움보다 훨씬 커요.
그러나 이런 거대한 두려움 속에
거대한 기회가 숨어 있어요."

– 프리드리히 니체 Friedrich Nietzsche

생각 대장은 앞으로 펼쳐질 이야기에 등장하는 동물과 인간의 마음 속에 살아 보기도 하고 다양한 시각으로 세상을 바라볼 거예요. 하지만 이 능력은 생각 대장만 갖고 있는 게 아니에요. 여러분도 할 수 있어요.

이제 생각 대장과 함께 미지의 세상으로 탐험을 떠날 준비가 되었나요? 기억하세요. 철학의 숲에서는 길을 잃어도 괜찮아요. 혼란스러워도 탐험을 멈추지 마세요!

우물 안 개구리가
우물을 떠난 날

새벽 동이 틀 무렵이었어요. 하늘에는 구름 한 점 없고 땅에 드리운 그림자조차 없었어요. 늘 그랬듯이 개구리 프리다는 우물 바닥에 앉아 위를 쳐다봤어요. 커다란 두 눈으로 아래를 내려다보는 거북이 한 마리가 보였어요. '뭐지? 별 이상한 거북이가 다 있네.' 프리다는 혼자 생각했어요. 거북이는 이내 사라졌어요.

　프리다는 우물 안에서 아무 걱정 없이 마음 편하게 사는 것이 좋았어요. 낮에는 고개를 들어 머리 위에 떠 있는 원 모양의 작고 파란 하늘을 보면서 안정감을 느꼈어요. 하늘 위로 떠가는 기다란 구름 조각과 오가는 새들을 구경하는 것이 좋았어요. 밤에는 신비롭게 반짝거리는 별과 달을 볼 수 있어서 행복했어요.

그런데 눈이 큰 거북이가 나타난 후로 마음이 불편해졌어요. '거북이는 어디서 왔을까? 왜 내 우물을 내려다봤지?' 모든 것이 의문투성이였어요.

그날 밤 프리다는 거북이 꿈을 꿨어요. 꿈속의 거북이는 온몸이 붉은색이었어요. 거북이는 오른쪽 앞발에 쥐고 있던 황금색 씨앗 하나를 우물에 떨어뜨렸어요. 맑은 우물물 속에 가라앉은 씨앗은 태양처럼 밝은 빛을 냈어요. 너무 눈이 부셔서 앞을 볼 수 없었지만 프리다는 호기심을 억누를 수 없었어요. 실눈을 뜨고 씨앗 가까이 다가갔어요. 처음에는 냄새를 맡아 보고 그다음은 핥아봤어요. 그리고 혀를 내밀어 씨앗을 통째로 삼켰죠.

바로 그 순간 꿈에서 깼어요. 프리다는 꿈에서 현실로 되돌아오게 되어서 기뻤어요. 그래서 우물 안을 껑충껑충 뛰어다녔지요. 그때 머리 위로 그림자가 드리워졌어요. 올려다보니 거북이가 다시 우물을 내려다보고 있었어요.

"이름이 뭐야?" 프리다가 물었어요.

"난 아노쉬마야." 거북이가 대답했어요. 그리고 이렇게 물었어요. "우물 밖으로 모험을 떠나지 않을래?"

덜컥 겁이 난 프리다는 거북이에게 사라지라고 힘껏 외치고 싶었어요. 그러나 아직도 꿈을 꾸는 듯 자기도 모르게 "그럴게"라고 대답하고 말았지요. 말이 떨어지기가 무섭게 거북이는 우물 아래로 밧줄을 던졌어요. 프리다가 밧줄을 움켜잡자 거북이가 끌어당기기 시작했어요.

눈부신 태양과 끝없이 펼쳐진 푸른 하늘을 보면서 프리다는 경이로움에 빠져서 몸을 가눌 수가 없었어요. 처음에는 눈을 조금만 떠도 눈이 부시다 못해 아팠지만, 프리다는 조금씩 눈을 더 크게 떠보았어요. 두 눈을 완전히 다 뜨자 한 번도 본 적 없는 색깔들이 사방에 펼쳐졌어요. 더 넓은 세상의 밝은 빛에 익숙해질 무렵 이상하게 생긴 쥐가 프리다 옆으로 쌩하니 지나갔어요. 우물 밖 세상은 위험과 모험으로 가득찬 곳처럼 보였죠.

그 순간 갑자기 밀려드는 여러 냄새에 프리다는 깜짝 놀라고 말았어요. 프리다는 땅에 누워 코를 벌름거리며 행복에 젖었어요. 형형색색의 꽃과 풀, 다양한 나무와 동물에게서 나는 새롭고 신선한 향기가 프리다의 몸을 감쌌죠.

이제는 여러 소리가 뒤죽박죽 섞여서 들려왔어요. 프리다의 귀가 쫑긋거렸어요. 프리다는 새의 신비로운 노랫소리와 근처에서 들리는 요란한 강물 소리를 감상했어요.

새로운 감각을 경험하고 현기증을 느낀 프리다는 잠시 앉아서 뭘 좀 먹어야겠다고 생각했어요. 호기심에 이상하게 생긴 풀을 입에 넣었는데 늘 먹던 곤충보다 훨씬 맛있었어요. 발아래 밟히는 여름풀은 우물

안의 단단하고 축축한 돌보다 훨씬 부드러웠고요. 프리다는 새로운 세상 속에 있는 자기 자신이 아주 만족스러웠답니다.

새로운 세상에 익숙해지고 있다고 막 느낀 순간, 프리다는 키가 큰 풀에서 멋진 왜가리 한 마리가 나오는 것을 봤어요. 새의 아름다움에 반해 프리다는 말없이 우두커니 서 있었지요. 왜가리는 호기심 어린 표정으로 우아하게 프리다에게 다가왔어요. 프리다는 왜가리가 무서웠지만 반갑기도 했어요. 프리다에겐 모든 것이 새로웠어요.

(이 이야기는 중국 철학자 장자莊子가 한 말을 각색한 것이에요.)

마침표가 아닌 물음표의 자세로

개구리 프리다는 좁은 세상을 벗어나 더 많은 것을 경험할 수 있는 넓은 세상으로 나왔어요. 우물을 떠남으로써 프리다가 여태 살아온 좁고 둥근 세상은 여러 광경과 소리, 맛과 냄새가 가득한 세상으로 확대되었지요. 가늘게 떴던 눈을 그 어느 때보다 크게 뜨자 프리다는 전혀 알지 못했던 경이로운 세상을 보게 되었어요. 다양한 존재를 보고 느낌으로써 호기심도 생겨나고 생각도 넓어졌어요.

결국 생각하는 힘은 호기심에서 시작된답니다. 여러분도 아마 무언가를 처음 보거나 항상 진실이라고 믿어왔던 것을 의심하기 시작할 때 호기심을 느낄 거예요. 물론 호기심은 때로는 수수께끼처럼 어렵기도 해요. 편안하고 안전하고 확실했던 세상이 호기심 때문에 갑자기 사라질 수도 있어요. 이것이 프리다가 우물을 떠났을 때 생긴 일이지요.

혼란스러울 때도 호기심을 느낄 수 있어요. 그러면 이미 이해하고 있다고 생각한 것에 대해서 새로운 질문을 하게 될 거예요. 예를 들면 이런 질문들이에요. "시간이란 무엇일까?", "생각한다는 것은 어떤 것일까?", "말이란 무엇일까?", "수는 어떤 것일까?", "우주는 어디에서 시작되었을까?", "왜 아무것도 없는 것이 아니라 무엇인가 있는 것일까?". 어쩌면 이런 질문으로 인해 머릿속이 혼란스러워질 수도 있어요. 하지만 우리는 어디를 가든 호기심을 자극하는 것들을 보고 듣게 된답니다. 그리고 여러분이 철학 탐험의 어느 단계에 있든 호기심은 늘 여러분 곁을 따라다닐 거예요.

호기심을 이야기한 철학자들

플라톤은 기원전 427년 즈음 고대 그리스의 아테네에서 태어난 철학자로 서양 철학에서 가장 중요한 인물로 꼽힙니다. 그는 소크라테스 Socrates로부터 많은 영감을 받았어요. 소크라테스는 플라톤이 가장 본받고 싶은 철학자였어요. 그는 플라톤이 쓴 『대화편』이라는 책에 주요 인물로 등장해요. 이 책은 소크라테스를 비롯한 여러 사람이 철학에 대해 대화를 나누고 토론하는 모습을 그렸기 때문에 제목이 '대화'예요. 『대화편』의 한 장면에서 소크라테스는 이렇게 말해요. "철학은 오직 경이감에서 시작됩니다." 플라톤은 지적 호기심도 경이감이고, 정의, 지식, 진실, 정치, 죽음과 같은 특정한 개념에 경외심을 느끼는 것도 경이감의 한 종류라고 생각했어요.

플라톤과 더불어 역사상 가장 위대한 철학자로 손꼽히는 또 다른 인물
은 아리스토텔레스예요. 아리스토텔레스는 고대 그리스에서 태어났고
열일곱 살에 플라톤의 제자가 되었어요. 그는 스승이 주장한 것처럼
사람들이 호기심을 통해 철학에 첫발을 들여놓는다고 생각했어요. 아
리스토텔레스에게 호기심이란 '불편한 궁금증'을 의미했어요. 궁금증
은 우리가 무엇인가를 충분히 이해하고 있지 않다는 사실을 깨닫게 하
므로, 그 자체가 불편과 고통을 일으킬 수 있다는 뜻이에요. 더불어 플
라톤과 달리 아리스토텔레스는 나이가 들면 호기심의 단계에서 벗어
나게 된다고도 믿었어요.

윌리엄 블레이크William Blake는 영국의 시인이자 화가이고, 판화가로 활
동했어요. 블레이크의 시와 그림에서 중심을 이루는 주제 역시 경이
감, 즉 지적 호기심이에요. 블레이크는 매우 다양한 시선으로 세상을
바라보았어요. 그는 '한 알의 모래 속에서 세상을 보고, 한 송이 야생
화 속에서 하늘을 보는 것'처럼 세상을 넓게 보는 법을 시로 표현했답
니다.

존 모리아티John Moriarty는 아일랜드의 시인이자 작가이고 철학자예요.

모리아티는 누구든 '공상의 세계'를 걸어 다닐 준비가 되어 있지 않다면, '현실의 세계'를 걸어 다니는 데도 준비가 되어 있지 않다고 생각했어요. 즉 모리아티에게 공상의 세계와 현실의 세계는 하나의 세상이었던 것이지요. 하지만 공상의 세계는 조금 더 특별해요. 공상의 세계로 들어가는 데 필요한 암호는 호기심과 호기심, 또 호기심이에요. 이런 깨달음을 통해 모리아티는 '보는 것이 곧 호기심'이고 '호기심이 곧 보는 것'이라는 사실을 알게 되었어요.

장님들은 왜 코끼리를 두고 다퉜을까

인도의 어느 작은 마을에 앞을 보지 못하는 여섯 명의 남자가 살고 있었어요. 어느 날 아침 마을에 코끼리 한 마리가 나타났어요. 매우 드문 일이어서 마을 사람들 모두가 들떠 있었지요. 여섯 명의 장님도 코끼리가 어떤 모습일지 무척 궁금했어요. 그들은 눈으로 볼 수 없기 때문에 각자 한 명씩 손으로 만져서 생김새를 설명하기로 했어요. 한 명씩 코끼리를 손으로 만지기 시작했어요.

"코끼리는 기둥처럼 생겼네." 첫 번째 장님이 코끼리의 다리를 만지면서 말했어요.

"아니야. 새끼줄처럼 생겼어." 두 번째 장님이 코끼리 꼬리를 만지면서 말했어요.

"무슨 소린가! 코끼리는 두툼한 나무 방망이처럼 생겼어." 코끼리의 코를 만지면서 세 번째 장님이 소리쳤어요.

"큰 부채 같은데." 네 번째 장님이 코끼리의 귀를 만지면서 말했지요.

"단단한 창을 닮았는데, 뭐." 코끼리의 상아를 만지던 다섯 번째 장님이 말했어요.

"아닐세. 자네들 모두 틀렸어. 코끼리는 커다란 벽처럼 생겼어." 마지막 여섯 번째 장님이 코끼리의 배를 만지며 말했어요.

여섯 명의 장님은 서로 자기가 맞고 다른 사람은 틀렸다고 옥신각신했지요. 말다툼이 점점 심해지고 있을 무렵 한 현명한 남자가 우연히 옆을 지나가게 되었어요. 여섯 사람이 왜 그렇게 소란을 떨고 있는지 궁금했던 남자가 물었어요. "왜 그렇게 다투고 계십니까?"

"코끼리의 외모에 대해서 서로 의견이 달라서 그럽니다." 장님들이 일제히 대답했어요. 코끼리를 만져본 경험담을 하나하나 들은 후 남자는 문제가 무엇인지 차분히 설명했어요. "여러분이 말한 것이 틀린 것은 아니에요. 모두 옳아요. 각자 다른 부위를 만졌기 때문에 서로 다르게 이해하고 있는 것뿐이에요. 코끼리는 여러분이 말한 특징을 모두 가지고 있답니다."

(고대 인도에서 전해지는 이 이야기는 19세기 미국 시인 존 고드프리 색스John Godfrey Saxe의 시를 통해 서양에 알려졌어요.)

세상에 쓸모없는 질문은 없다

여섯 명의 장님들은 코끼리를 직접 만져봤기 때문에 코끼리의 생김새를 잘 안다고 확신했어요. 코끼리를 직접 경험했다는 이유 하나만으로 자신의 견해를 조금도 의심하지 않은 것이죠. 본인들이 제한적이고 부분적인 경험만 했다는 것을 깨닫지 못했답니다. 옆 사람에게 그저 "자네가 만져본 코끼리는 어떤가?"라고 물어보기만 하면 되는데 그럴 생각을 전혀 하지 못했어요. 이처럼 서로에게 간단한 질문을 하고 상대의 말에 귀를 기울였다면 코끼리의 생김새를 더 잘 알 수 있지 않았을까요?

코끼리의 일부만 만져본 장님들처럼 우리도 세상에 대해 제한적인 경험을 하며 살아가요. 질문하기를 피하고, 다른 사람의 말에 귀를 기울이지 않는다면 여러분의 세상은 더 좁아질 거예요. 반대로 질문하는 데 주저하지 않고, 다른 사람의 말에 귀를 기울인다면 세상을 이해하는 폭이 더욱 넓어질 테고요. 모험적인 사고의 밑바탕에는 '질문'을 좋아하는 마음이 깔려 있어요. 묻고 싶은 질문의 방향이 곧 사고의 길잡이가 돼요.

중요한 철학적 질문 가운데 어떤 것들은 무려 수백, 수천 년 전에 나왔는데 오늘날에도 사람들은 여전히 그 질문을 한답니다. 대표적으로 플라톤은 "지식이란 무엇인가?", "정의란 무엇인가?"를 물었어요. 아리스토텔레스는 "어떻게 하면 좋은 삶을 살 수 있을까?"라고 물었지요. 지금까지 언급된 중요한 질문 중에서 가장 당혹스러운 것은 아마 독일 철학자 고트프리트 라이프니츠Gottfried Leibniz의 "왜 아무것도 없는 것이 아니라 무엇인가 있는 것일까?"일 거예요.

비교적 최근에 나온 중요한 질문도 있어요. 인간과 지구의 관계, 인간과 기술의 관계를 다룬 질문이 대표적이지요. 세계 인구는 나날이 빠른 속도로 늘어나고, 인류는 과거 어느 때보다 어마어마한 건물을 세우고 많은 것을 생산하고 있어요. 그 결과 지구에 점점 많은 부담을 주고 있지요. 그래서 "지구에 미치는 악영향을 줄이기 위해 인간은 어떻게 행동을 바꿔야 할까?" 같은 질문이 나오고 있어요.

모두 아주 중요한 질문이에요. 하지만 한번 생각해보세요. 여러분이 일상생활에서 하는 질문은 "왜 꿈을 꿀까?", "왜 학교에 가야 할까?", "왜 배가 고프지?" 등과 같은 작은 질문일 거예요. 그래도 이런 작은 질문이 더 크고 어려운 질문으로 이어져요. 매일 하는 일상적인 질문도 정말 중요하답니다. 질문하기를 멈추지 마세요!

질문을 이야기한 철학자들

독일의 철학자 프리드리히 니체는 소크라테스 못지않게 매우 당혹스러운 질문을 한 철학자예요. 소크라테스가 고대 그리스인의 골칫거리였다면 니체는 근대 유럽인의 골칫거리였다고 할 수 있어요. 니체는 자신을 가리켜 인간이 아니라 '폭탄'이라고 말했어요. 맞는 말이에요. 니체의 통찰력과 그가 던지는 질문은 과거에도 그렇고 지금도 여전히 대단한 폭발력을 지니고 있으니까요. 그는 현대인이 소중하게 여기는 가치를 완전히 날려버렸거든요. 그전까지 우리가 이해하고 있던 신과 영혼, 인간과 이상, 도덕적 가치는 니체를 통해 완전히 무너지고 말았어요. 도덕적 가치란 옳고 그름을 결정할 수 있게 도와주는 것을 말하는데, 니체는 도덕적 가치에 의문을 제기했어요. "우리의 도덕적 가치는 어디에서 오는 것일까?", "도덕은 인간을 어떻게 생각하는가?" 등,

도덕적 가치가 우리에게 옳은 것인지 아니면 그른 것인지 다시 생각하게 하지요.

독일의 또 다른 철학자 마르틴 하이데거 Martin Heidegger 는 우리가 당연하게 받아들이는 가장 기본적인 생각에 대해 의심하고 또 의심하라고 말했어요. 하이데거는 인생의 많은 시간을 "존재란 무엇인가?"라는 질문의 답을 찾는 데 보냈어요. 그런데 하이데거보다 2천여 년 먼저 존재의 의미를 두고 고민한 철학자가 있어요. 바로 플라톤이에요. 플라톤을 두고 하이데거는 그보다 존재의 의미를 더 잘 설명하려고 노력한 사람은 없다고 평가했어요. 하이데거는 존재에 관한 질문뿐만 아니라 "생각한다는 것은 무엇인가?", "사물이란 무엇인가?", "진리란 무엇인가?"라는 심오한 질문도 했답니다.

존 모리아티는 인간의 행동에 대해 우리 스스로 의문을 제기하고 되짚어봐야 한다고 했어요. 그는 인간의 행동이 지구에게 해로운 바이러스와 같은 것은 아닌지 고민했어요. 예를 들어 독감 같은 바이러스는 우리의 면역체계를 공격하고 병들게 해요. 인간의 행동을 바이러스에 비유하면서 모리아티는 이렇게 물었어요. "인간이라는 존재는 지구의 면

역체계를 파괴하는 바이러스인가?" 이 질문의 답이 "그렇다"라면, 우리는 지구를 바라보는 시각과 지구 위에서 생활하는 방식을 과감하게 바꿔야 할 거예요.

스웨덴 출신의 철학자 닉 보스트롬 Nick Bostrom은 첨단 과학기술, 특히 생각하고 학습하는 능력을 갖춘 컴퓨터나 인공지능에 대해 인간이 얼마나 성숙하게 대응할 수 있는지 의문을 제시했어요. 첨단 과학기술은 여러분의 할아버지 세대나 심지어 부모님 세대가 상상도 할 수 없던 놀라운 방식으로 생활의 중요한 일부가 되었어요. 보스트롬은 "인공지능이 인간을 뛰어넘게 되면 우리는 어떻게 대비해야 할까?"라고 물었어요. 앞으로 우리를 따라다닐 무시할 수 없는 질문이지요.

인공지능에 대한 질문은 영국 과학자 앨런 튜링 Alan Turing도 했어요. 사실 1950년대 이후로 많은 과학자가 컴퓨터가 지능을 가질 수 있는지 시험하곤 했어요. 튜링은 '튜링 테스트'라는 시험을 만들어 컴퓨터가 인간과 비슷한 지능을 가질 수 있는지 확인했어요. 간단히 말해 튜링 테스트는 먼저 연구자와 컴퓨터가 글자를 통해 대화를 해요. 그다음 제3자에게 대화를 보여주고, 둘 중 누가 인간인지 가려내라고 하는데 만약 제3자가 제대로 구분하지 못하면 컴퓨터는 튜링 테스트를 통과한 것이 돼요. 오늘날에는 인공지능의 발달로 컴퓨터가 튜링 테스트를 점점 더 쉽게 통과하고 있어요.

두 발로 선 이상한 쥐의
예측불허 대모험

어느 시골 마을에 아주 부지런한 쥐들이 모여 살고 있었어요. 쥐들에게 삶이란 바쁘게 일하는 것을 의미했지요. 쥐들은 매일 아침 눈을 뜬 순간부터 저녁 잠자리에 들 때까지 부지런히 움직였어요. 그들은 바쁘지 않은 것을 못마땅하게 여겼고 이상하게 생각했어요. 그러나 정작 바쁜 것이 왜 그렇게 중요한지 궁금해하는 쥐는 없었어요. '한 이상한 쥐'를 빼면 말이에요.

이상한 쥐는 바쁜 생활이 왜 중요한지 묻지 않아요. 대신에 본인이 '의문의 대상'이 되었지요. 이상한 쥐의 행동을 보면서 다른 쥐들은 의문을 가졌어요. 이상한 쥐를 의아하게 여기는 자신들을 별로 좋아하지는 않았지만 말이에요.

이상한 쥐는 하루 중 가장 바쁜 시간이 되면 하던 일을 멈추고 뒷발로 선 채 목을 빼고 귀를 쫑긋 세워서 무엇인가에 귀를 기울였어요. 마치 남들은 들을 수 없는 어떤 소리에 깊이 빠져 있는 듯했어요. 그 모습을 보고 다들 이상하다고 생각했지요.

어느 날 쥐들은 여느 때처럼 종종걸음으로 부지런히 움직이며 일하고 있는데 이상한 쥐는 등을 곧게 세운 채 두 발로 서 있었어요. 꼬마 쥐가 일을 멈추고 의아해하며 이상한 쥐를 올려다봤어요. 어리둥절한 꼬마 쥐를 보고 이상한 쥐가 말을 하기 시작했어요.

"저 소리 안 들려?" 이상한 쥐가 물었어요.

"무슨 소리?" 꼬마 쥐가 대답했어요.

"으르렁거리는 소리 말이야." 이상한 쥐가 대답했어요.

꼬마 쥐는 설명했어요. "나한테는 들리지 않는 걸 보면 분명 환청일 거야. 그만 서 있고 내려와. 다른 쥐들이 이상하게 생각한단 말이야. 전에는 다들 너보고 이상한 쥐라고 했지만 이젠 '두 발로 선 쥐'라고 부른다고. 제발 그렇게 서 있지 말고 정상적으로 행동하려고 노력해봐."

두 발로 선 쥐는 꼬마 쥐의 조언을 받아들여 으르렁거리는 소리를 최대한 무시하려고 노력했어요. 하지만 무시하려고 하면 할수록 소리는 더 크게 들렸어요. 아침이고 점심이고 저녁이고 아무 때나 으르렁거리는 소리가 들렸답니다. 그래도 두 발로 선 쥐는 발바닥이 모두 땅에 달라붙은 것처럼 계속 네 발로 다녔어요.

밤이 되면 으르렁거리는 소리는 더 커졌어요. 두 발로 선 쥐는 땅에서 발을 떼지 않으려고 더욱 안간힘을 써야 했어요. 특히 모두가 잠을 자는 한밤중에는 소리가 더 심하게 들렸어요. 으르렁거리는 소리가 한번 의식 속으로 흘러들어오면 일상적이고 익숙한 세상에 대한 기억은 다른 쥐들의 수군거리는 소리와 함께 온데간데없이 사라졌어요. 두 발로 선 쥐는 으르렁거리는 소리에 이끌려 몸이 일자가 될 때까지 천천히 일어났어요. 그러고 나면 신기하게도 보이지 않는 힘이 끌어당기는 듯이 바닥으로 도로 내려오게 됐어요. 다시 깊은 잠에 빠지면 으르렁거리는 소리가 더는 들리지 않았답니다.

그런데 하루는 아침에 눈을 떠보니 침대 위에서 두 발로 서 있는 게 아니겠어요. 으르렁거리는 소리가 꿈에서만큼이나 크게 들렸어요. 소리가 온몸으로 파고들자 쥐는 비틀거리는 몸을 이끌고 현관문을 통과해 분주한 거리로 나왔어요. 이리저리 넘어지고 다른 쥐들과 부딪혔어요. 두 발로 선 쥐가 휘청거리며 거리를 걸어 다니자 다른 쥐들은 놀라기도 하고 한편으로는 걱정도 됐어요. 잠시 후 몸을 조금 가눌 수 있게 된 두 발로 선 쥐는 으르렁거리는 소리에 맞춰 천천히 걸었어요. 소리가 점점 커지자 그에 맞춰 달리기 시작했죠.

두 발로 선 쥐는 마을에서 멀리 떨어진 대평원에 이르게 되었어요.

하늘에서 날카로운 울음소리와 특이하고 기분 나쁜 소음이 들렸어요. 두 발로 선 쥐는 외롭고 무서웠어요. 예전에 할아버지가 들려준 큰 새 이야기가 떠올랐거든요. '매'라고 불리는 새는 순식간에 땅으로 내려와서 쥐를 잡아먹는다고 했어요. 두 발로 선 쥐는 머리 위에서 들리는 날카로운 울음소리가 매의 소리일지도 모른다고 생각했어요. 매를 피하기 위해 있는 힘껏 대평원을 가로질러 달렸어요. 그러다가 무언가에 부딪혔어요. 처음에는 산이라고 생각했는데, 글쎄 움직이는 게 아니겠어요? 알고 보니 들소였어요.

두 발로 선 쥐가 물었어요. "넌 몸집이 굉장히 크구나. 그런데 왜 누워 있어?"

"나는 눈이 안 보여. 그래서 주로 이렇게 누워 있어." 들소가 대답했어요.

"너처럼 대단한 친구가 앞을 못 보면 안 되지. 네가 앞을 볼 수 있도록 내 눈 하나를 줄게." 말이 끝나자마자 두 발로 선 쥐의 한쪽 눈알이 들소의 얼굴로 옮겨갔어요. 들소는 이제 앞을 볼 수 있게 되었어요.

"친절을 베풀어준 보답으로 매가 공격하지 못하게 너를 보호해줄게. 내 가슴 아래에 숨어서 내가 걸을 때 보조를 맞춰 같이 움직여. 아무도 너를 해치지 못할 거야."

들소는 두 발로 선 쥐를 보호한다는 훌륭한 사명을 지니고 평원을 가로질러 걸었어요. 마침내 거대한 산이 있는 대평원 끝자락에 이르렀고 두 발로 선 쥐는 새로 사귄 친구와 작별 인사를 했어요. 그리고 친구의 품에서 나와 가파르고 울퉁불퉁한 산을 오르기 시작했어요.

다시 혼자가 되어 아무 보호도 받지 못하는 처지가 되자 두 발로 선 쥐는 전보다 더 큰 두려움을 느꼈어요. 숨을 곳도 대피할 곳도 없기 때문에 올빼미나 매, 여우나 곰에게 발각되면 먹이로 잡아먹히기 쉬운 상황이었지요. 설상가상으로 길을 안내해주던 으르렁거리는 소리도 더는 들리지 않았어요. 눈도 하나뿐인 두 발로 선 쥐는 길을 잃었어요. 자기가 어디로 가고 있는지 알 수 없었지요. 하지만 아무리 무섭고 길을 잃었다 해도 계속 걸어가야 한다는 것은 알고 있었답니다. 두 발로 선 쥐는 날카롭게 돌출된 바위를 오르다가 뜻밖에도 푹신한 무언가에 부딪혔어요. 한 발짝 물러나서 보니 늑대였어요.

"늑대야, 너 참 대단하구나. 그런데 왜 산속에서 자고 있어?" 두 발로 선 쥐가 물었어요.

"나는 앞을 볼 수 없는 데다 길을 잃어서 너무 무서워. 그래서 차라리 잠이라도 많이 자려는 거야. 그게 현실을 벗어날 수 있는 최선이랄까." 늑대가 대답했어요.

"너처럼 대단한 존재가 앞을 못 보면 안 되지. 내게 눈이 하나밖에 남지 않았지만 네가 앞을 볼 수 있도록 양보할게." 말이 끝나자마자 두 발로 선 쥐에게 남아 있던 눈이 늑대의 얼굴로 옮겨갔어요. 늑대는 앞을 볼 수 있게 되었어요.

"너그러운 마음에 대한 보답으로 다른 동물이 너를 잡아먹지 못하게 보호해줄게. 내 가슴 아래에 숨어서 내가 걸을 때 보조를 맞춰 같이 움직여. 아무도 너를 해치지 못할 거야."

늑대는 두 발로 선 쥐를 보호하면서 아주 빠르고 민첩하게 산을 올랐어요. 이틀 밤낮을 산속 이곳저곳을 누비던 중, 늑대가 갑자기 멈춰섰어요. "여기까지가 내 영역이야. 이봐, 친구. 여기에서 그만 헤어져야겠어."

두 발로 선 쥐는 친절한 늑대와 작별 인사를 하고 친구를 뒤로 한 채 길을 계속 갔어요. 두 눈을 잃은 채 정처 없는 모험을 계속했지요.

어느 순간 으르렁거리는 소리가 다시 들리기 시작했어요. 천둥 같은 소리가 워낙 가까이에서 들렸기 때문에 환청이 아니라 실제로 존재하는 것의 소리라고 확신할 수 있었어요. 두 발로 선 쥐는 거부할 수 없는 힘에 이끌리듯 소리가 나는 쪽으로 다가갔어요. 그리고 갑자기 소리 속에 풍덩 빠지고 말았어요.

그 소리의 정체는 바로 거대한 강이 만들어내는 것이었어요. 두 발로 선 쥐는 강물에 휩쓸려 빠르게 떠내려갔어요. 강물이 자기를 집어삼킬 것 같아 겁이 났어요. 그때 누군가 자신을 붙잡는 것이 느껴졌어요. 물

밖으로 끌려 나온 후 정신을 차려보니 강둑 위에 누워 있는 자신을 발견할 수 있었어요. 옆에는 개구리가 앉아 있었어요.

"안녕, 친구." 개구리가 말을 걸었어요. "넌 약수 강에 빠졌어. 조금만 참아. 강에 약효 성분이 있으니 곧 나을 거야." 개구리는 이 말만 하고 떠났어요.

두 발로 선 쥐는 아주 이상한 기분이 들었어요. 작은 생쥐로 살아온 자신의 삶이 마음이 만들어낸 상상 같다는 생각이 들었지요. 지금까지 겪은 모든 일이 꿈처럼 느껴졌어요. 두 발로 선 쥐는 '깨어나고' 있었어요.

그때 바람이 불었고 두 발로 선 쥐는 하늘로 올라가게 되었어요. 올빼미와 매보다 훨씬 더 높이 올라갔죠. 태양의 문이 눈앞에 열리면서 신의 부드러운 목소리가 들렸어요.

"두 발로 선 쥐야. 너는 영원한 빛의 세계로 들어갈 수도 있고, 친구들에게 돌아가 네가 아는 멋진 세상에 대해 이야기해줄 수도 있단다."

두 발로 선 쥐는 오래 고민할 필요가 없었어요. 이미 친구들에게 돌아가기로 결심했거든요. 마을로 돌아가면 바쁘게 생활하고 있는 친구들에게 자기가 만난 놀라운 존재와 용감한 탐험가를 기다리는 위대하고 멋진 세상에 관한 이야기를 들려줄 거예요. 아마 꼬마 쥐에게 제일 먼저 들려주겠지요.

(이 이야기는 존 모리아티가 쓴 『귀향』에 실린 미국 인디언 동화에서 가져왔어요.)

인생을 바꾸는 아주 작은 용기의 힘

두 발로 선 쥐는 보통의 쥐들과 다른 방식으로 살아가는 용기를 보여 줬어요. 으르렁거리는 소리를 따라가기 위해서 마을을 떠나는 것을 두려워하지 않았지요. 미지의 소리를 따라가기 위해서는 익숙한 삶을 포기할 수밖에 없었어요. 결국 으르렁거리는 소리는 쥐를 신에게 안내해 주었지요. 신을 경험한 두 발로 선 쥐는 친구들이 사는 마을로 돌아가기로 결심했어요. 마을에 도착하면 친구들에게 우리는 이미 오래전부터 신이 만들어준 훌륭한 세상에 살고 있으며, 더 찬란한 삶을 살 수 있다고 이야기해줄 거예요.

두 발로 선 쥐의 용기는 혼자만 들을 수 있었던 으르렁거리는 소리에서 비롯되었죠. 그러나 용기는 아무 소리도 내지 않아요. 작가 메리 앤 라드마커 Mary A. Radmacher 는 용기란 때때로 '하루를 마치면서 "내일 다시 시도할 거야"라고 결심하는 마음속의 작은 소리'라고 합니다.

우리 주변에는 불공평한 세상에 태어나도 이를 바꾸기 위해 쉼 없이 노력하는 사람들이 존재해요. 세상을 바꾸겠다는 생각을 행동으로 옮기려면 용기가 필요하지요. 용기 있게 생각한 대로 행동하고 후대 사람에게 유산을 남긴 대표적 인물이 바로 부처 Buddha 와 예수 Jesus 그리고 소크라테스예요.

부처는 원래 왕궁에서 아무 근심 걱정 없이 살던 왕자였어요. 인도의 한 왕가에서 태어나 싯다르타 고타마Siddhartha Gautama라는 이름을 갖고 살았지요. 그러던 어느 날 용기를 내어 왕궁 담장 너머의 세상으로 나가게 됐고, 삶을 송두리째 바꿔 놓은 네 명의 사람을 목격해요.

그는 병든 남자, 쇠약한 노인, 죽은 사람 그리고 세상일에 동요하지 않는 승려를 만났어요. 고타마는 승려를 봤을 때 세상의 모든 고통을 극복할 수 있는 길이 있다고 생각하게 됐고, 그 승려처럼 되고 싶었어요. 그러기 위해서 아내와 아이를 떠나 왕궁 밖 세상으로 나가야 한다고 결론을 냈어요. 고타마는 용기 내어 생각을 실행으로 옮겼고, 마침내 깨달음을 얻었어요.

부처처럼 예수도 기존의 모습을 과감히 벗어던지는 용기를 보여줬어요. 예수는 성금요일(예수가 십자가에 못 박힌 날이 금요일인데, 그날을 기억하기 위해 성금요일이라고 말해요 - 옮긴이)에 골고다 납골당에서 십자가에 못 박히는 일을 기꺼이 받아들였어요.

정치가 간디Gandhi와 목사 마틴 루서 킹Martin Luther King, 시민 운동가 말랄라 유사프자이Malala Yousafzai도 생각과 행동을 통해 대단한 용기를 보여준 위인이에요. 그들은 수많은 사람의 시각과 생각을 바꿔 놓았어요. 간디는 인도에서 영국의 식민 지배에 저항하는 수단으로 비폭력 운동을 펼쳤고, 마틴 루서 킹은 피부색에 상관없이 모든 미국인에게 평등

과 정의가 보장되는 세상을 꿈꿨어요. 말랄라 유사프자이는 여성이라

는 이유로 기회조차 얻지 못하는 6600만 파키스탄 소녀들을 대변해

여성의 교육받을 권리를 주장했답니다.

용기를 이야기한 철학자들

플라톤은 용기를 매우 중요한 미덕이라고 생각했어요. 자신이 쓴 『국가론』에서 용기는 이성을 보존하고, 지속적으로 선한 일에 초점을 맞추게 하며, 욕구 때문에 정신이 흐트러지지 않게 잡아주는 가장 필수적인 것이라고 주장했어요. 예를 들어 여러분은 사탕에 설탕이 많이 들어가 있어서 건강에 좋지 않다는 사실을 잘 알고 있어요. 그런데 용기가 부족해서 욕구가 이성을 이기도록 방관한다면 아마 사탕을 많이 먹게 되겠죠.

아리스토텔레스는 용기란 타당한 이유로 알맞은 방식을 통해 적절한 시간에 행동하는 것이라고 정의했어요. 만일 여러분이 항상 두려움 없이 행동한다면 사람들은 여러분을 바보라고 생각할 거예요. 반대로 두려움 때문에 행동하지 못하면 겁쟁이라고 부를 거예요. 하지만 나서야 할 때 앞장설 줄 안다면 용기 있는 사람이라고 부를 거예요.

덴마크 철학자 쇠렌 키르케고르 Søren Kierkegaard는 걱정되는 일을 바로 마주하는 자세가 용기라고 생각했어요. 또한 용기에는 고통이 뒤따른 다고 믿었어요. 키르케고르는 구약성경에 등장하는 아브라함을 용기 있는 사람이라고 평가했어요. 그는 신의 뜻에 따라 소중한 아들 이삭 을 제물로 바치기로 결정했기 때문이에요. 아브라함이 고통을 피하려 하지 않고 신을 위해 필요한 용기를 냈다고 본 것이지요.

니체는 자신이 강하게 믿는 것을 고수하는 자세를 용기라고 보는 일 반적인 견해가 틀렸다고 주장했어요. 오히려 자신이 가장 강하게 믿고 있는 것에 의문을 제기할 줄 아는 태도가 곧 용기라고 생각했지요. 그 뿐만 아니라 용기는 인간 내면의 가장 어두운 부분까지 들여다볼 수 있는 능력도 포함한다고 했어요.

내가 나비인가,
아니면 나비가 나인가

옛날 중국에 장자라 불리는 한 남자가 살고 있었어요. 그는 초나라 위왕의 궁전에서 세금을 걷는 일을 맡고 있었죠. 하루는 일을 마치고 집에 돌아와 문 앞 복도에 있는 의자에 잠시 앉았어요. 장자는 곧 잠이 들었고 꿈을 꾸었어요. 장자는 꿈속에서 나비가 되었어요.

나비는 길을 따라 내리쬐는 따뜻한 햇볕 속에서 우아하게 날개를 펄럭이며 행복해했어요. 그러다 보라색 연꽃잎에 살포시 내려앉았어요. 원반 모양의 밝은 노란색 암술에 머리를 파묻고 연꽃 깊숙이 저장된 꿀을 빨아 마셨어요. 충분히 배를 채운 나비는 훨훨 날아갔어요.

잠에서 깬 장자는 혼란스러웠어요. 꿈에서 깨고 나니 자신은 나비가 아닌 장자였어요. 장자가 나비 꿈을 꾼 것인지, 아니면 나비가 장자 꿈

을 꾼 것인지 분간할 수 없었어요.

(이 이야기는 한스 게오르크 묄러Hans Georg Moeller의 논문 「'장자와 나비의 꿈'에 대한 도교적 분석」의 내용을 각색한 것이에요.)

꿈과 현실의 오묘한 경계

아주 짧은 이야기 속에서 장자는 꿈에 빠졌어요. 꿈에서 나비 한 마리가 나타나죠. 나비는 단지 나비일 뿐일까요? 아니면 장자가 꿈속에서 나비가 된 것일까요? 혹은 장자는 그저 장자일까요? 이제 나비가 장자가 되어 꿈을 꾸는 것일까요?

이 이야기를 번역하고 분석한 철학자 구오 시앙Guo Xiang은 장자가 꿈에서 나비가 된 것인지, 아니면 나비가 꿈에서 장자가 된 것인지 알 수 없다고 말했어요. 구오 시앙은 장자와 나비 둘 다 현실이라고 결론을 내렸어요. 장자와 나비는 둘 다 현실이고, 별개의 존재라는 거예요. 게다가 장자와 나비는 서로에 대해 아무것도 알지 못하고 서로 존재한다는 사실조차 알지 못해요.

「장자와 나비의 꿈」을 통해 구오 시앙은 현실과 꿈을 연결하고 생生과 사死의 관계를 이야기했어요. 꿈이 현실만큼이나 사실적인 것처럼 죽음도 삶만큼이나 사실적이에요. 결국 삶과 죽음 모두 사실이고 현실이며, 구오 시앙이 생각하는 이 이야기의 숨겨진 의미는 '살아 있는 동안에는 죽음에 대해 걱정하지 말자'는 것이랍니다.

구오 시앙은 장자가 나비 꿈을 꾸기 시작하는 순간, 그 시점에서 장자는 죽은 것과 같다고 말했어요. 살아 있는 사람은 '생'에 속하고 죽은 사람은 '사'에 속하지요. 그리고 살아 있는 동안에 죽음을 걱정하는 것은 무의미한 일이에요. 사실 구오 시앙은 어리석은 사람만이 살아 있는 것은 기쁜 일이고, 죽음은 슬픈 일이라고 생각한다고 말했어요. 그렇게 생각하는 사람은 '만물의 순환'에 대해 깊이 생각해본 적이 없을 거예요. 탄생이 있어야 죽음이 있고, 죽음이 있어야 탄생이 있는 거예요.

여러분은 꿈이 현실처럼 너무 생생해서 잠에서 깬 후 깜짝 놀란 적이 있나요? 심장 박동이 빨라지고 온몸에 식은땀이 나게 하는 악몽을 꾼 적은 없나요? 때때로 꿈을 꿀 때 몸은 신체적 반응을 나타내기도 해요. 그래서 머릿속에서는 그것이 실제로 일어난 일이라고 착각하기도 하지요. 물론 무섭거나 놀라운 것을 실제로 봤을 때도 신체적 반응이 나타나요.

그렇다면 꿈에 대한 신체적 반응과 실제 상황에 대한 신체적 반응은 어떻게 다를까요? 여러분은 자신이 수면 상태라는 것을 깨닫지 못하고 한밤중에 돌아다니는 몽유병 환자를 본 적이 있나요? 몽유병 환자는 여러분과 마주쳤던 것을 기억하지 못해요. 즉 한밤중에 마주친 것을 여러분만 기억하는 상황이라면, 여러분은 몽유병 환자와 마주친 것이 사실이라고 확신할 수 있나요? 혹 몽유병 환자가 나오는 꿈을 꾼 것은 아닐까요?

꿈을 이야기한 철학자들

아리스토텔레스는 우리가 깨어 있는 동안 감각기관을 통해 경험한 것의 잔재가 꿈으로 나타난다고 믿었어요. 태양을 쳐다보고 난 뒤 눈을 감으면 잔상이 남듯이 꿈은 우리가 활동하는 동안 경험한 일의 잔상들로 채워진다는 뜻이에요.

프랑스 철학자 르네 데카르트René Descartes는 확신할 수 있는 지식을 찾으려고 노력했어요. 데카르트는 "나는 생각한다. 그러므로 존재한다"라는 말을 남긴 것으로 유명하지요. 그는 실제로 자신이 깨어 있는 시간을 확실히 알 수 있을지 의문이 들었어요. 그래서 꿈에 관한 글을 쓰기 시작했지요. 여러분도 생각해보세요. 아침에 일어나서 옷을 입고 난로 옆에 앉아 있지만, 실은 침대에 누워 그런 꿈을 꾸는 중이라면 어떨까요? 잠에서 깨고 난 뒤 현실을 경험하고 있는 것인지, 아니면 단지 꿈을 꾸고 있는 것인지 어떻게 확실히 구분할 수 있을까요?

페르난두 페소아Fernando Pessoa는 다른 사람으로 가장해서 글 쓰는 것을 즐겼던 포르투갈 작가예요. 그는 가명을 주로 사용했어요. 그중 하나가 베르나르두 소아레스Bernardo Soares예요. 베르나르두 소아레스를 필명으로 쓴 책에서 그는 세상의 모든 것이 꿈이라고 주장했어요. 그가 생각하는 가장 좋은 꿈은, 꿈을 꾸는 사람이 꿈속의 삶으로 사라지는 것이에요. 그런 유형의 꿈을 꾸는 사람은 연극 대본을 쓰는 극작가와 같아요. 등장인물이 자연스럽게 행동하기 시작하면 대본은 더 이상 중요하지 않기 때문이에요. 그러면 작가는 사라지고 연극 어디에서도 흔적을 찾아볼 수 없어요. 작가는 연극을 위한 무대가 되어버리는 것이지요. 페소아는 오직 꿈만이 남는 세상을 강조한 것이 아닐까요?

존 모리아티는 모든 사람과 사물이 하나의 꿈에 공존하는 공유몽(여러 사람이 꿈을 공유하는 것, 다시 말해 여러 사람이 동시에 하나의 꿈을 꾸는 것을 말해요-옮긴이)에 대한 글을 썼어요. 모리아티는 그런 공유몽을 '드림타임Dream time'이라 불렀어요. 드림타임 안에서 우리는 언제든지 사고방식을 바꿀 수 있어요. 실제로도 우리는 드림타임의 자세로 세상을 바라볼 필요가 있어요. 예를 들어 인간을 노동력으로 보고, 소는 고기, 나무는 목재, 폭포와 바람은 에너지원으로 보는 좁은 시각에 갇혀 있다면 우리는 드림타임을 통해 세상을 보는 눈을 과감하게 바꿔야 할 필요가 있어요.

물을 구하러 갔다가
돌아오지 않는 청년 이야기

인도의 청년 나라다는 신에 대한 확고한 믿음을 가지고 있었어요. 신을 숭배하는 그의 마음은 힌두교의 위대한 여신 비슈누Vishnu의 관심을 끌기에 충분했어요. 비슈누는 나라다를 직접 찾아가는 영광을 베풀기로 했어요. 나라다를 만나 믿음에 대한 보상으로 무엇이든 원하는 것을 주겠다고 했어요. 나라다는 환영의 세상, 즉 마야Maya의 비밀을 알려달라고 했어요. 비슈누는 묘한 미소를 지으며 함께 여행을 떠나자고 말했지요. 어느 순간 그들은 이글거리는 태양 아래 사막 한복판을 걷고 있었어요.

"목이 마르구나. 나라다, 물을 좀 구해다오." 비슈누가 말했어요.

"물론입니다. 당장 다녀오겠습니다." 나라다는 물을 찾아 떠났어요.

한참 길을 가다가 나라다는 마을처럼 보이는 곳을 발견했어요. 진짜 마을인지 신기루인지는 알 수 없었지요. 어쨌든 마을처럼 보이는 그곳으로 들어갔어요. 첫 번째 집에 이르러 대문을 두드렸어요. 눈부시게 아름다운 여인이 그를 맞이했어요. 여인의 아름다움에 넋이 빠진 나라다는 비슈누가 마실 물을 얻으러 왔다는 사실을 잊어버리고 말았어요.

나라다와 여인은 대화를 나누다 어느새 서로 사랑하게 되었어요. 나라다는 여인의 아버지에게 딸과 결혼하는 것을 허락해달라고 청했어요. 결국 두 사람은 결혼을 하고 행복하게 살았어요. 세 명의 아이도 낳았죠.

세월이 흘러 해가 열두 번 바뀌었어요. 장인이 세상을 떠나자 나라다는 농장을 물려받았어요. 가족과 함께 농장에서 보내는 삶은 더할 나위 없이 행복했어요.

어느 날 밤 마을에 갑자기 폭우가 쏟아졌어요. 맹수 같은 비바람이 가옥과 가축, 사람 할 것 없이 모조리 휩쓸고 갔어요. 나라다의 가족도 대피해야 했지요. 나라다는 한 손으로 아내를 붙잡고, 다른 한 손으로는 두 아들을 붙잡고, 막내 아이는 어깨에 멘 채 빠르게 소용돌이치는 물살에서 빠져나오려고 애썼어요. 그러나 거센 물살 때문에 중심을 잃고 막내를 떨어뜨리고 말았어요. 아이를 구하려고 하다가 그만 다른 가족들마저 놓치고 말았죠. 홍수에 아내와 아이를 모두 잃은 나라다는

절망에 빠져 울부짖었고 그 소리는 하늘까지 울려 퍼졌어요.

비가 서서히 그치기 시작했어요. 더 이상 거센 물살과 싸우지 않아도 되는 나라다는 어찌어찌 마른 땅에 도착했어요. 슬픔에 고개를 숙이고 있었지만 발바닥에 닿는 모래와 등을 비추는 따뜻한 햇볕을 느낄 수 있었어요. 그때 뒤에서 부드럽고 자애로운 비슈누의 낮은 음성이 들렸어요.

"나라다, 물은 가지고 왔느냐? 거의 한 시간이나 지났구나."

(이 이야기는 고대 인도에서 전해지는 전설로, 존 모리아티가 쓴 『오랫동안 사라졌던 거북이』의 내용을 각색한 것이에요.)

눈을 뜨고 있다고 깨어 있는 것은 아니다

힌두교에서는 꿈과 같은 세상을 묘사할 때 '마야'라는 말을 사용해요. 마야가 의미하는 것을 보여주기 위해 힌두교에서는 비슈누 신이 '무한_{無限}'을 상징하는 거대한 뱀 아난타_{Ananta}의 등 위에서 잠을 자고 있다고 표현한답니다. 잠을 자는 동안 비슈누는 꿈속에서 우리가 살고 있는 이 세상을 만들어요. 비슈누가 잠에서 깨어나면 우리의 세상은 사라져 버린다고 해요.

이야기의 주인공 나라다는 마야, 곧 환영의 세상이 지닌 비밀을 간절히 알고 싶어 했어요. 하지만 비슈누와 여행을 시작한 지 얼마 안 되어서 자신이 찾고 있던 것을 완전히 잊어버리고 말았지요. 나라다는 아름다운 여인을 만나고 다시 한 번 환영에 갇히게 됐어요. 그러나 12년 동안 누려온 새로운 삶은 폭우로 인해 한순간에 사라지고, 나라다는 다시 비슈누의 곁에 서 있게 되지요. 비슈누는 나라다에게 정신이 번쩍 들게 하는 물음을 조용히 던집니다. "물은 가지고 왔느냐? 거의 한 시간이나 지났구나."

이 이야기를 읽으면 많은 질문이 떠오를 거예요. 나라다가 만난 아름다운 여인은 실제일까? 나라다의 상상 속 인물일까? 아니면 비슈누가 만들어낸 존재일까? 나라다처럼 우리 모두 환영에 마음을 쉽게 빼앗길까? 폭우는 왜 갑자기 나라다의 세상을 휩쓸고 갔을까? 폭우의 원인은 비슈누였을까, 나라다였을까, 아니면 자연 그 자체였을까? 나라다가 겪은 환영은 그가 원래의 목적을 잊어버리고 그곳에 너무 빠져 있었기 때문에 사라진 것일까? 등등.

이야기를 읽고 나면 우리는 시간의 의미를 생각하게 되고 한 번 더 놀라게 돼요. 나라다가 보낸 12년의 세월이 어떻게 비슈누에게는 한 시간일까요? 나라다와 비슈누의 시간이 완전히 다르다는 것이 이상하지 않나요? 우리가 경험하는 시간이 우리가 누구이고, 어디에 있고, 무엇을 하고 있느냐에 따라 결정된다면, 인간의 12년이 신에게는 한 시간도 채 되지 않는 것처럼 느껴질 수도 있지 않을까요?

하지만 이런 의문은 비슈누의 질문에 비하면 그다지 중요하지 않아 보여요. 비슈누가 조용히 건넨 "나라다, 물은 가지고 왔느냐?"라는 질문은 나라다에게 큰 각성을 일으키는 매우 중요한 열쇠예요. 나라다가 잊고 지낸 현실을 일깨워줬으니까요.

큰 각성은 작은 각성과 달라요. 큰 각성은 꿈에서 깨는 것뿐만 아니라 평범한 삶에서도 깨어나는 상태를 의미해요. 작은 각성은 잠을 푹 자고 나서 깨거나 평소 가졌던 꿈에서 깨는 상태를 말해요. 어떤 사람은 잠이나 꿈에서 깼을 때도 여전히 몽유병 환자처럼 살고 있다고 느낄지도 몰라요. 또 어떤 이들은 본인의 생각이나 감정이 꿈에 사로잡혀 있어서 세상의 진정한 본질을 보지 못하고 늘 꿈속에 있는 것처럼 느끼기도 해요. 여러분, 큰 각성이 무엇인지 알 것 같나요?

각성을 이야기한 철학자들

힌두교 신자들처럼 플라톤도 인간이 환영의 세계, 즉 실제로 존재하지 않는 세계에서 살고 있다고 생각했어요. 플라톤은 두 개의 세계가 존재한다고 주장했어요. 하나는 우리가 살고 있는 현상의 세계이고, 다른 하나는 물리적 우주 너머에 존재하는 영원한 세계예요. 플라톤에 따르면 의자와 같은 물체와 진실과 같은 관념을 포함한 지구상의 모든 사물과 존재는 영원한 세계에 존재하는 이상적인 '이데아idea'를 매우 불완전하게 모방한 것이에요. 이데아란 물리적인 개념이 아닌 영원하고 신성한 것이에요. 인간의 생각이나 판단에 의존하지 않는 객관성도 갖고 있어요. 예를 들어 아름다움의 이데아는 완벽한 아름다움이고, 정의의 이데아도 완벽한 정의예요. 다른 이데아도 마찬가지예요. 인간의 영혼도 한때 참된 이데아의 세계에 살았어요. 하지만 영혼이 인간의 몸으로 태어나게 되면 이데아에 대한 어렴풋한 기억만 갖게 된답니다.

플라톤은 우리가 경험하는 세계를 '동굴'에 비유했어요. 동굴 안의 인간은 마치 인형극처럼 오직 벽에 비친 그림자만 볼 수 있어요(65쪽 참조). 진짜 '인형'은 보지 못하는 것이지요. 선량함과 같은 추상적인 개념부터 힘차게 달리는 말과 같은 구체적인 개념에 이르기까지 그림자는 진정한 이데아의 세계에 존재하는 이상적인 이데아를 불완전하게 모방한 것이에요. 이때 철학은 동굴에 갇힌 인간이 그곳에서 벗어날 수 있도록 도와줄 수 있어요. 그러나 자유를 얻는다는 것은 아주 어려운 일이기도 해요. 오랫동안 갇혀 지낸 인간은 동굴의 어둠에 익숙해져서 오히려 참된 이데아의 세계를 불편해할 가능성이 매우 높답니다.

부처는 어떤 감정에도 마음이 얽매이지 않고 어떤 갈망도 생기지 않을 때 비로소 큰 각성을 얻을 수 있다고 말했어요. 부처는 '꽃의 설교'라 불리는 설교를 통해 큰 각성의 의미를 설명했어요. 어떻게 했냐면 부처는 아무 말 없이 그저 하얀 꽃 한 송이를 들어 올렸어요. 큰 각성에 이르는 여정을 언어로 표현하는 데는 한계가 있음을 보여주는 일화지요.

1685년에 태어난 일본의 승려 하쿠인 에카쿠白隱慧鶴는 큰 각성이 큰 의심에서 비롯된다고 생각했어요. 사람들을 혼란스럽게 하거나 의심을 경험하도록 하기 위해 하쿠인은 '선문답(진리를 깨닫기 위해 질문하고 대답하는 것)'이라는 수수께끼를 만들었어요. 선문답의 유명한 예로 "한 손으로 손뼉을 치면 어떤 소리가 나는가?"를 들 수 있어요. 여러분은 답이 뭐라고 생각하나요? 깊은 혼란과 의심은 우리를 계속 생각하게 만들고, 결국 큰 각성에 이르게 할 거예요.

또 다른 일본 철학자 니시타니 케이지 Nishitani Keiji는 하쿠인보다 훨씬 후대의 인물이지만 그와 마찬가지로 큰 의심이 큰 각성을 만든다고 믿었어요. 니시타니가 말하는 큰 의심은 본질과 세상 그리고 만물이 결국 '공空', 즉 '비어 있다'는 사실을 깨닫는 거예요. 그에게 큰 각성이란 이 세상의 모든 것에 스며들어 있는 '공'을 깨닫는 거예요.

바깥세상을 단 한 번도
본 적이 없는 동굴 속 죄수들

먼 옛날 어느 한 마을에 동굴이 하나 있었어요. 입구에만 햇빛이 드는 어두운 동굴 안에는 어릴 적부터 그 안에 갇혀 지낸 죄수들이 있었어요. 죄수들은 지금까지 한곳에서만 머물렀고, 목과 다리는 사슬에 묶여 오직 바로 앞에 세워진 돌벽만 볼 수 있어요. 고개를 돌릴 수도 없지요. 그들이 아는 것은 동굴 벽이 전부예요.

죄수들 뒤에는 횃불이 있어서 희미한 빛이 동굴을 비춰줘요. 죄수들과 타오르는 횃불 사이에는 복도가 있고, 복도를 따라 낮은 벽이 세워져 있어요. 사람들이 복도를 통해 돌과 나무로 만든 인형과 동물 모양의 조각을 포함한 갖가지 물건을 실어 날라요. 사람들이 들고 있던 물건을 벽 위로 들어 올리면 벽은 인형극 스크린이 된답니다. 물건을 나르는 사람들 가운데 몇몇은 말을 하고 몇몇은 조용히 있어요. 죄수들은 앞에 있는 벽에 비친 그림자만 볼 수 있고, 누군가가 말을 하면 벽에 부딪쳐 되돌아오는 메아리만 들을 수 있어서 그림자가 말을 한다고 생각해요. 죄수들에게는 동굴 벽에 비친 그림자가 실제인 것이지요. 그림자가 그들의 현실이라는 뜻이에요.

어느 날 여자 죄수 한 명이 풀려났어요. 사람들은 그녀에게 그림자를 만들어내는 횃불을 보여주었어요. 그러나 빛을 한 번도 경험하지 못한 죄수의 눈에는 불이 너무 환하고 눈부셨어요. 그녀는 혼란스러웠어요. 불빛에 겁을 먹고 고개를 돌렸어요. 다시 그림자가 비치는 벽 쪽으로 돌아가고 싶었어요. 분명하고 이해하기 쉬웠던 이전의 현실로 되돌아가고 싶었던 거예요.

가파른 동굴 통로를 지나 몸을 떨면서 나온 죄수는 바깥세상에 도착했어요. 그녀는 햇빛 속으로 나오게 되었어요. 동굴 밖에서 눈부시게 타오르는 거대한 태양이 그녀를 맞이했어요. 태양이 내보내는 빛이 두 눈을 가득 채웠어요. 그녀는 눈이 부셔서 아무것도 볼 수 없었어요.

그녀는 햇빛을 피해 몸을 움츠렸어요. 화가 나고 속상했어요. '뭐 이런 이상한 세상이 다 있담!' 시간이 지나자 그녀의 눈은 햇빛에 점점 적응되었어요. 하늘에서 자리를 지키고 있는 태양도 볼 수 있었어요. 그녀는 그제야 자신이 보는 모든 것의 원인이 태양이라는 사실을 이해했어요.

　처음으로 주변을 둘러보고 새로운 현실을 살펴봤어요. 식물과 동물, 사람들이 보였어요. 강과 계곡, 산도 보였지요. 태양은 오색찬란한 세상 위로 떴다가 다시 세상 위로 졌어요.

　동굴에서 풀려난 죄수는 모든 것을 더욱 선명하게 볼 수 있게 되었어요. 그녀는 강제로 동굴 밖 여행을 하게 된 것이 기쁘고 감사했어요. 그러나 마음 한구석에서는 오직 벽에 비친 그림자만 알고 있는 동굴의 죄수들이 가엾게 느껴졌어요.

　그녀는 동굴로 돌아가 다른 죄수들에게 바깥세상을 이야기해주기로 결심했어요. 물론 그들은 아직 직접 볼 수 없는 세상이지만 말이에요. 그녀는 가파른 통로를 따라 동굴 속으로 내려갔어요. 두 눈은 다시 어둠으로 채워졌어요. 그녀는 횃불이 있는 곳을 지나 다른 죄수들의 등이 보이는 복도에 멈춰 섰어요. 그곳에서 벽에 비친 자신의 그림자를 보았어요. 동굴 밖 하늘에 떠 있는 거대한 태양에 비하면 횃불은 그야말로 작은 불에 불과했지요. 그녀는 죄수들에게 자기가 동굴 밖에서 본 것을 이야기하고 벽에 비친 그림자의 진짜 정체를 설명했어요.

　그러나 죄수들은 동굴에 갇힌 상황에 분노하거나 태양을 직접 보는 것을 원하지 않았어요. 오히려 그녀를 비웃으며 바보라고 놀렸지요. 여자 죄수는 바깥세상을 직접 볼 수 있도록 사슬을 풀어주겠다고 제안했지만 그들은 거절했어요. 이대로 지금처럼 살고 싶다고 말하면서 동굴을 떠나서 시력이 망가진 게 틀림없다며 그녀를 비난했죠. 그들에게 그녀는 그저 말하는 '그림자'일 뿐인 거예요.

(이 이야기는 그루브G.M.A. Grube와 리브C.D.C. Reeve가 번역한 플라톤의 『국가론』에서 가져왔어요.)

나는 정말 실재하는 존재일까

플라톤의 동굴 이야기는 현실의 본질에 대한 아주 오래된 철학적 물음을 탄생시켰어요. 아마 여러분은 동굴에 갇힌 사람들이 벽에 비친 그림자를 현실이라고 믿는 상황을 믿기 어려울 거예요.

그렇다면 동굴이 아니라 컴퓨터 시뮬레이션에 갇혀 있다고 생각하면 어떨까요? 더 분명히 이해하기 위해 '가상현실 헤드기어'를 착용하고 있다고 상상해볼게요. 여러분은 헤드기어를 쓰자마자 눈앞에 펼쳐지는 가상현실에 빠지게 돼요. 헤드기어를 벗으면 현실 세계로 돌아왔다고 생각하게 되지요. 하지만 되돌아왔다고 생각한 '현실 세계'가 가상현실이고, 여러분은 가상현실의 일부분일 수도 있어요. 만일 이런 일이 실제라면 현실은 아마 여러분이 접근할 수 없는 다른 세상에서 만

들어졌을 거예요.

다시 말해 물리적·감정적으로 여러분이 보고, 듣고, 만지고, 맛보고, 느끼는 모든 것과 생각하는 모든 것을 아주 똑똑한 컴퓨터 프로그램이 만들어냈다는 뜻이에요. 이 같은 가상의 세계는 사실이 아니며, 경험하는 모든 것이 가짜거나 인공적으로 만들어진 것이에요.

만일 우리가 시뮬레이션 안에 있는데 그 사실을 인지하지 못한 것이라면 지금의 삶이 진짜 현실보다 조금 덜 '현실적'이지 않을까요? 반대로 시뮬레이션 안에 살면서 그 사실을 인지하고 있다면 우리가 믿는 것이 달라질까요? 이야기 속의 죄수들은 벽에 비친 말하는 그림자들이 실제가 아니라는 것을 인지하게 되었어요. 하지만 바깥세상에 관한 이야기가 너무 터무니없어서 사실이라고 믿지 않았어요. 그렇다고 오직 불신 때문에 동굴 안에 남기로 한 것은 아니에요. 미지의 세상에 대한 두려움도 있었기 때문이죠.

우리가 시뮬레이션 세상에 살고 있을 가능성은 얼마나 될까요? 이 질문에 답하기 위해 철학자 닉 보스트롬은 세 가지 시나리오를 제시했어요. 그는 세 시나리오 중 적어도 한 가지는 분명 사실이라고 굳게 믿었어요.

1. 지적 문명은 시뮬레이션 세상을 만들 수 있는 단계까지 결코 이르지 못할

것이다. 스스로 멸망하거나 소행성 같은 다른 것에 의해 파괴될 것이다.

2. 지적 문명은 시뮬레이션 세상을 가동하는 수준까지 도달할 수 있다. 그러나 그렇게 되더라도 시뮬레이션을 가동하지 않기로 결정할 것이다. 옳은 일이 아니라고 믿기 때문이다.

3. 우리는 이미 시뮬레이션 세상 안에 있다.

보스트롬은 마지막 세 번째 시나리오가 가장 흥미롭다고 생각했어요. 이는 우리가 사는 세상과 우주가 아주 작은 일부에 지나지 않는다는 사실을 암시하기 때문이에요.

만약 우리가 시뮬레이션 안에 살고 있다는 것을 인지한다면 삶을 살아가는 방식이 달라질까요? 그리고 모든 것이 시뮬레이션이고 실제로 존재하는 것이 아니라면 무엇을 하든 중요하지 않다는 생각은 합리적일까요? 이런 상황에서 남의 물건을 훔치거나 폭력을 쓴다면 어떻게 될까요? 가짜 사람에게서 가짜 물건을 빼앗는다면 잘못된 행동일까요?

사실 세상이 실재가 아니라 환영이라는 생각은 아주 오래전부터 있었어요. 고대에는 신이 환영을 만들었고, 최근에는 컴퓨터가 환영을 만든다고 해요. 만일 컴퓨터나 외계인이나 진보된 문명이 가상의 시뮬레이션 현실을 만들 수 있다면 그들이 신과 같은 존재가 되는 것일까요?

여러분과 우리 모두는 현실적으로 존재하는 실재일까요, 아니면 시뮬

레이션 안에 있는 가상의 존재일까요?

현실을 이야기한 철학자들

미국의 과학자 로빈 핸슨Robin Hanson은 자신이 '관점의 지각변동Viewquakes'에 중독되어 있다고 말했어요. 세상을 보는 방식을 극적으로 바꿔 놓는 생각에 중독되어 있다는 뜻이에요. 핸슨은 컴퓨터 시뮬레이션에 관한 보스트롬의 논문을 읽었을 때도 관점의 지각변동을 겪었어요. 핸슨은 곧바로 시뮬레이션 세상에서 우리가 어떻게 살아야 하는지에 대한 글을 쓰기 시작했어요. 그리고 문제를 깊이 생각하다가 다음과 같은 중요한 질문에 이르게 되었어요. "우리를 만들어낸 창조자가 세상을 다른 시뮬레이션으로 대체하거나 가동을 중단하는 결정을 내리지 않게 하기 위해서 우리는 어떻게 살아가야 할까?"

보스트롬이 묘사한 것처럼 핸슨은 만약 우리가 시뮬레이션 안에 살고 있다면 타인을 덜 신경 쓰고, 지금 이 순간에 더 집중하고, 부유해

지려고 노력하고, 여러 중요한 행사에 참여하는 등 적극적으로 살아야 한다고 제안해요. 여러분도 유쾌하고 훌륭한 사람이 되려고 노력하세요. 그리고 주변 사람이 계속 행복할 수 있게 작은 일이라도 노력해보세요. 우리의 '시뮬레이션 세상'이 계속될 수 있도록요.

미국의 작가이자 철학자인 마크 솔로몬Mark J. Solomon은 만일 우리가 시뮬레이션 안에 살고 있다면 삶의 목적 중 하나는 시뮬레이션을 가동하는 컴퓨터나 진보 문명이 일으킨 문제나 장애를 해결하는 것이라고 말했어요. 일종의 '엔지니어'처럼 말이죠.

영국의 작가인 지야 메랄리Zeeya Merali는 시뮬레이션 세상에 대해 보스트롬이 기술한 2번 시나리오에 관심을 가졌어요. 보스트롬의 2번 시나리오를 보면 지적 문명은 시뮬레이션을 수행할 수 있는 수준까지 발전하지만, 그것이 옳다고 생각하지 않기 때문에 시뮬레이션을 가동하지 않기로 결정해요. 메랄리는 보스트롬보다 한발 더 나아가 과학자들이 생명체를 탄생시킬 수 있는 실험실에서 '우주'를 만들어내는 모습을 상상했어요. 그리고 이렇게 질문했어요. "새로운 우주를 만들 수 있는 능력이 있다면 여러분은 그렇게 할 건가요? 새로운 우주를 만드는 것이 왜 옳다고 생각하나요? 반대라면, 새로운 우주를 만드는 것이 왜 잘 못됐다고 생각하나요?"

스스로를 '우주의 한량'이라고 부르는 미국의 종교학 교수 메리 제인 루벤스테인Mary J. Rubenstein은 우리가 '다중우주'에 살고 있을지도 모른 다고 주장했어요. 현재 우리가 살고 있는 우주는 여러 우주 가운데 하나에 불과하다는 뜻이에요. 다만 그녀는 다중우주의 존재를 증명하기보다, 다중우주 개념이 과학·종교·철학 등의 다른 분야에 미치는 영향에 더 관심을 기울였어요. 우리가 시뮬레이션 속에 살고 있다는 가설과 관련해 루벤스테인은 우주론 과학자 존 배로John Barrow로부터 영감을 얻어 흥미로운 생각을 떠올렸어요. 루벤스테인은 시뮬레이션 시나리오에서 신이 창조자로 등장한다고 생각했어요. 그녀는 신이 삶과 죽음을 지배하고 그들이 만든 가상의 현실을 마음대로 할 수 있는 힘을 지닌 존재라고 말했어요.

내 뇌가
분리됐어요!

철학자 대니얼 데닛Daniel Dennett은 자신이 미국 정부에 고용되어 비밀 임무에 참여한 과정을 공상과학 소설로 그려냈어요.

미국 정부는 땅속 깊숙이 들어가 지하에서 이동할 수 있는 기계를 만들었어요. 적의 기지 같은 목표 지점에 도달하면 땅 밑에 폭탄을 설치하고 터뜨리는 기능을 지닌 장치였지요. 임무를 마치면 기계는 안전하게 지표면 위로 돌아와요. 미국 정부는 신무기를 시험하기 위해 기계를 이용해 오클라호마주에 있는 도시 털사의 지하 1.6킬로미터 지점에 폭탄을 설치했어요. 그런데 폭탄을 다시 회수하는 데 실패하고 말았어요. 그래서 폭탄을 안전하게 처리할 사람이 필요했지요.

정부는 임무의 적격자로 인간의 두뇌에 관심이 많은 데닛을 지목했어요. 임무를 수행하기 위해서 데닛은 수술을 받아야 했어요. 수술은 텍사스주의 도시 휴스턴에서 이뤄질 예정이었어요. 무려 뇌를 분리해내는 아주 위험한 수술이었지요. 머리에서 뇌를 성공적으로 분리하게 되면 액체 영양분으로 채워진 통에 뇌를 보관할 거예요. 그다음에 무선 신호로 분리된 뇌와 몸을 연결해 보통 때처럼 몸을 움직일 수 있도록 할 계획이었지요. 데닛은 수술에 동의했고, 수술은 성공적이었어요.

그가 수술을 마치고 의식을 차렸을 때 간호사가 뇌가 보관된 방으로 안내했어요. 데닛은 모든 게 얼떨떨했어요. 자기 뇌를 바라보면서 서 있었으니 말이에요. 아니, 자기 자신을 보며 서 있었다고 해야 할까요? 사실 '여기 내가 있다. 액체 속에 둥둥 떠 있는 나를 내 두 눈으로 바라보고 있다'라고 생각하는 게 맞을 거예요.

아무리 노력해도 데닛은 통 속에 들어 있는 뇌를 자기 자신이라고 생각할 수 없었어요. 밖에 서서 통 속을 들여다보는 사람을 본인이라고 생각했어요.

시간이 지나 데닛은 임무 수행에 나섰어요. 텍사스에서 출발해 오클라호마 지하에 폭탄이 설치된 곳까지 갔어요. 뇌는 통 속에 보관된 채로 텍사스에 남아 있지만, 데닛은 자신이 오클라호마에 있다고 느꼈어요. 폭탄을 안전하게 처리하기 위해 그는 땅속 깊숙이 들어갔어요.

그런데 자신이 오클라호마에 있다고 느낀 감정이 갑자기 180도 달라졌어요. 암석이 무너져 내리면서 땅속에 갇히게 되었거든요. 지표면 아래 깊숙한 곳에 데닛이 묻힌 거예요. 처음에는 그저 갇힌 느낌만 들었어요. 그러나 곧 몸과 뇌를 연결하던 무선 신호가 끊어지면서 데닛의 정신은 순식간에 텍사스의 통 속으로 돌아오게 된 거죠. '몸 없이' 말이에요. '빛의 속도로 내 위치가 바뀐 걸까?' 데닛은 궁금했어요.

(이 이야기는 대니얼 데닛의 책 『브레인스톰』에 실린 '나는 어디에 있는가?'를 요약한 것이에요.)

정신과 육체가 분리된 별개의 존재라면

여러분은 데닛이 어디에 있다고 생각하나요? 통 속에 있을까요? 땅속에 있을까요? 동시에 두 곳에 있는 것일까요? 아니면 어느 곳에도 존재하지 않는 것일까요?

데닛의 이야기는 공상과학물이지만 우리가 어떤 존재이며, 의식이란 무엇인지, 그리고 정신과 뇌와 육체가 어떤 관계에 있는지에 대해 무척 까다로운 물음을 던지고 있어요. 이야기를 통해 우리는 정신, 뇌, 육체의 본질을 생각하게 돼요. 게다가 우리의 정신은 어디에서 시작되

고 어디에서 끝나는지도 궁금해지지요. 정신은 세상의 어디까지 갈 수 있을까요? 정신은 머릿속에 있다고 해야 할까요, 아니면 머리 밖에 있다고 해야 할까요? 정신은 뇌나 육체와 다를까요? 만약 그렇다면 어떻게 다를까요? 정신과 몸을 구별하는 것은 잘못된 일일까요?

정신 철학은 많은 철학자의 관심사 중 하나예요. 정신과 육체의 관계는 철학에서 오랫동안 다뤄져 왔어요. 철학자들은 "정신적으로 경험한 것은 육체적으로 경험한 것과 어떻게 다른가?"라는 의문을 가졌지요.

정신을 다루는 철학자들은 다음과 같은 궁금증도 가졌어요. 육체적 경험이 사고에 영향을 미치는 것일까요? 아니면 사고가 육체적 경험에 영향을 미치는 것일까요? 경험이나 생각 또는 육체적 감각에 가장 강력하게 영향을 미치는 것은 무엇일까요?

어떤 철학자는 우리가 정신적으로 경험하는 것도 실제로는 물질적인 것이라고 주장해요. 이런 철학자를 '유물론자'라고 부르지요. 또 어떤 철학자는 물질적 경험이 실제로는 정신의 한 상태라고 주장해요. 이런 철학자는 '관념론자'라고 해요. 그리고 '이원론자'라고 불리는 철학자는 정신적 경험과 육체적 경험 모두 실제로 존재하고, 하나가 다른 하나로 축소될 수 있는 것이 아니라고 주장해요.

데넷의 이야기에서 '영혼'은 언급되지 않아요. 하지만 많은 철학자가 인간의 영혼은 매우 중요하다고 생각해요. 플라톤은 인간을 구성하는 가장 중요한 요소가 영혼이라고 했어요. 육체는 죽을 수 있지만 영혼은 결코 죽지 않는 불멸의 것이기 때문이에요.

정신과 육체를 이야기한 철학자들

플라톤은 정신과 육체의 관계보다 영혼과 육체의 관계에 더 많은 관심을 가졌어요. 인간의 육체는 무덤이나 감옥과 같고 그 안에 영혼이 갇혀 있다고 생각했지요. 영혼은 결코 죽지 않지만 육체는 언젠가 결국 죽게 돼요. 그러므로 영혼을 돌보는 것이 철학자들의 필수 과제예요. 육체가 소멸되어도 영혼은 계속 살아 있으니까요.

아리스토텔레스는 플라톤의 이론에 동의하지 않았어요. 아리스토텔레스는 육체와 영혼이 별개의 존재가 아니라고 주장했어요. 그는 육체가 죽으면 어떤 것도 살아남을 수 없다고 생각했어요. 그래도 아리스토텔레스에게 영혼은 육체의 이데아였어요. 다시 말해 영혼은 인간의 본질이라는 뜻이에요.

데카르트는 근대 철학자 가운데 처음으로 정신과 육체를 어떻게 별개의 것으로 볼 수 있는지 문제를 제기한 인물이에요. 그런 입장을 앞에서 말한 '이원론'이라고 해요. 정신은 인식 능력을 포함한 아주 많은 능력을 가지고 있기 때문에 데카르트에게 정신은 불가사의하고 영원한 것이었어요. 반면에 인간의 육체는 기계와 같지만, 세상은 기계로 작동된다고 생각했지요.

영국 에든버러대학교의 철학 교수 앤디 클락Andy Clark은 다른 각도에서 정신과 육체의 문제를 주목했어요. 그는 "정신과 육체가 어떻게 다른가?"라는 질문 대신 "정신은 어디에서 멈추고, 세상의 나머지는 어디에서 시작되는가?"라는 질문을 던졌어요. 이처럼 훌륭한 질문 덕분에 우리는 정신을 다시 생각해볼 수 있게 되었어요.

클락은 우리의 정신이 두개골을 벗어나 세상으로 이어진다고 주장했어요. 세상에 존재하는 다른 모든 것들이 정신의 일부로 기능할 수 있다는 뜻이에요. 여러분, 2 더하기 2를 계산한다고 생각해봐요. 분명 머릿속으로 쉽게 계산할 수 있을 거예요. 하지만 3.141592653 더하기 3.141592653을 계산하라고 한다면 종이와 연필 또는 계산기가 필요할 거예요. 이때 종이와 연필을 사용한다면 그것을 도구나 보조 장치로 볼 수 있어요. 종이와 연필이라는 도구가 정신이 생각하는 과정에 깊이 개입하게 된 거죠. 즉, 여러분의 생각하는 정신이 외부로 연장된 거예요. 종이와 연필보다 훨씬 더 정교한 외부 기술에 의존하게 되면 우리는 이런 질문을 할 수 있어요. "내 정신은 두개골 안에 더 많이 존재할까, 아니면 두개골 밖에 더 많이 존재할까?"

여우 아내와 인간 남편은
오래오래 행복했을까

옛날 옛적에 알버트라는 사냥꾼이 외딴곳에서 혼자 살고 있었어요. 매일 아침 동틀 무렵 알버트는 오두막집을 나와서 그물과 덫을 확인했어요. 하루는 그물과 덫에서 거둔 연어 한 마리와 토끼 두 마리를 들고 집으로 돌아오다가 평소와 매우 다른 광경을 목격했어요. 집의 굴뚝에서 연기가 피어오르는 게 아니겠어요. 기껏해야 자신의 발자국 외에 다른 것을 볼 일이 없는 외진 곳이기 때문에 정말 이상한 일이었지요.

알버트는 모든 감각을 최대한 집중하고 오두막으로 살금살금 다가가서 조심스럽게 문을 열었어요. 놀랍게도 난로에는 불이 활활 타오르고 식탁에는 따뜻한 음식이 차려져 있었어요. 그런데 불을 지피고 음

식을 차린 사람의 흔적은 없었어요. 우선 알버트는 식탁에 앉아 식사를 했어요. 그는 다음 날도 사냥에 성공하고 집으로 돌아왔어요. 이번에도 굴뚝에서 연기가 피어오르고 있었어요. 천천히 문을 열어 보니 아니나 다를까 따뜻한 식사와 활활 타고 있는 난롯불이 보였어요.

사흘째 되는 날 아침, 호기심을 억누를 수 없던 알버트는 사냥을 나가지 않기로 마음먹었어요. 대신 나무 뒤에 숨어 집을 지켜봤어요. 잠시 후 여우 한 마리가 빠른 걸음으로 문 앞까지 왔어요. 여우는 코로 조심스럽게 문을 열고 집 안으로 들어갔어요.

이윽고 굴뚝에서 연기가 피어오르기 시작했어요. 알버트는 자신이 알고 있는 사냥 기술을 총동원해 집 안으로 몰래 들어갔어요. 문 뒤에는 여우 가죽이 걸려 있었고, 한 여인이 음식을 준비하고 있었어요.

갑작스런 알버트의 등장에도 여인은 전혀 놀라지 않으며 이렇게 말했어요. "제 이름은 이나리예요. 당신의 아내가 되기 위해서 왔어요. 살림도 하고, 당신이 하는 사냥도 도와줄게요. 눈을 감고, 귀를 쫑긋 세우고, 코를 벌름거리면서 숨을 깊이 들이쉬면 사냥감이 있는 곳을 금방 알 수 있어요."

처음에 알버트는 어리둥절했지만 상황을 받아들이기로 했어요. 이나리와 부부가 된 뒤로 예전보다 만족스러운 생활이 이어졌어요. 매일 아침 깨끗하게 손질된 옷을 입고, 저녁에 집에 돌아오면 따뜻한 식사와 난롯불이 준비되어 있었어요. 게다가 물고기와 동물도 전보다 더 많이 잡게 되었어요.

그러나 시간이 흘러 봄이 되자 알버트는 집에서 여우 냄새가 난다며 불평하기 시작했어요. 이나리는 아무 말도 하지 않고 하던 일을 계속 했어요. 봄이 지나 여름이 와도 알버트는 내내 화를 냈고 아침마다 여우 냄새가 난다며 짜증을 냈어요.

어느 날 저녁 알버트는 이나리에게서 최대한 멀리 떨어져 앉았어요. 그러자 이나리는 문 쪽으로 가더니 여우 가죽을 꺼내 몸에 걸쳤고 다시 여우로 변했어요. 여우는 뒤도 돌아보지 않고 빠른 걸음으로 사라져 버렸답니다.

(이 이야기는 존 모리아티가 쓴 『귀향』에 실린 이누이트족 사이에서 전해지는 옛 우화에서 가져왔어요.)

인간은 식탁에서만 동물을 만난다

사냥꾼 알버트는 여우 이나리와 더는 함께 살 수 없었어요. 더 넓은 의미에서 보면 인간이 어떻게 다른 동물과 조화를 이루며 사는 데 실패했는지, 그래서 동물이 어떻게 인간을 떠났는지 보여주는 이야기예요.

냄새가 심해도 알버트가 여우와 함께 살 수 있었다면 그의 삶은 어떻게 되었을까요? 만일 인간이 동물과 조화롭게 살 수 있다면 세상은 어떤 모습이 될까요?

현대 문명의 세계에서 많은 사람이 동물과 거의 접촉하지 않고 살아가요. 사람들은 동물을 그저 애완동물이나 농장의 가축, 과학 실험의 도구쯤으로 여기거나 동물원에 가둬 놓고 오락용으로 구경해요. 어떤 사람은 슈퍼마켓 선반이나 정육점 판매대 유리 장식장에 진열된 상품으로서의 동물만 접할지도 몰라요.

왜 이렇게 되었을까요? 어쩌다 현대 문명사회가 동물과 멀어지고 동물의 고통을 나 몰라라 하게 되었을까요? 인간과 동물 사이에 왜 거리가 생겼을까요? 인간과 동물은 언제부터 각자 다른 길을 걷게 되었을까요?

대략 17,000년 전에 그려진 것으로 추정되는 프랑스 남부지방의 라스코 동굴 벽화를 살펴보면 인간이 동물과 멀어지기 시작한 시기와 이유를 대강 짐작할 수 있어요. 벽화에는 몸집이 큰 들소가 날짐승 가면을 쓴 남자의 창에 찔린 모습이 표현돼 있어요. 들소는 창에 찔린 후 고통과 분노에 몸을 떨고 있어요. 그다음 날짐승 가면을 쓴 남자는 바닥에 넘어져 있는데 아마 죽은 것 같고, 코뿔소 한 마리가 끔찍한 그곳에서 걸어 나가고 있어요. 동물을 수단으로 대하는 인간의 모습과 이를 벗어나고자 하는 동물을 표현한 그림이 아닐까요? 아직도 라스코 벽화의 의미는 완전히 해석되지 않았어요. 그렇기 때문에 많은 작가와 화가, 철학자가 큰 관심을 보이고 있어요. 어떤 사상가는 라스코 벽화가 동물과 자연으로부터 인간이 분리되는 폭력적인 장면을 보여주기 때문에 인류 역사의 전환점을 표현한 작품이라고 말했어요.

동물에 대한 폭력을 이야기한 철학자들

프랑스의 사상가이자 작가인 조르주 바타유George Bataille는 라스코 동굴 벽화를 아주 자세히 살펴봤어요. 그는 벽화 속에서 엄청난 범죄 행위를 발견했어요. 범죄 행위란 누군가 규칙과 법을 어기거나 의무를 다하지 않았다는 것을 뜻하지요. 그림 속의 범죄 행위는 날짐승 가면을 쓴 남자가 들소를 창으로 찌르는 장면이에요. 바타유는 날짐승 가면을 쓴 남자가 저지른 끔찍한 폭력 행위가 동물 세계에 무시무시한 영향을 미쳤고, 인간과 동물 사이의 관계를 악화시켰다고 생각했어요.

존 모리아티도 라스코 동굴 벽화를 연구하는 데 많은 시간을 바쳤어요. 모리아티의 분석에 따르면 벽화는 인간이 동물과 지구에 미친 나쁜 영향을 보여주고 있어요. 모리아티는 먼 옛날 라스코 동굴 벽화가 그려진 이후로 인간이 지구와 함께 진화한 것이 아니라 지구와 분리되어 진화했다고 주장했어요. 더욱이 인간이 다른 동물과 지구를 희생시키면서 진화하고 있기 때문에 앞으로 더 큰 문제에 빠질 수도 있다고 경고했어요.

성 아우구스티누스Saint Augustine는 로마제국 시대의 철학자예요. 아우구스티누스는 예수가 인간과 동물이 하나되는 사회를 원했다면 자신은 결코 동물을 죽이지 않았을 것이라고 말했어요. 이러한 관점을 뒷받침하는 이야기는 성경에서 찾아볼 수 있어요. 성경에서 예수는 한 남자에게 붙은 마귀를 쫓아내주었어요. 대신 돼지 떼에게 마귀를 보냈죠. 마귀가 돼지들 속으로 들어갔고, 돼지들은 벼랑 끝에서 바다로 뛰어들어 죽게 돼요. 이 이야기는 인간이 동물에 대한 도덕적 의무감을 전혀 가지고 있지 않다고 본 아우구스티누스의 주장을 뒷받침해요. 놀랍게도 동물에 대한 인간의 폭력을 정당화하는 성경 구절도 있어요. 성경의 시작 부분인 창세기에서 신은 "인간이 바다의 물고기, 하늘의 새, 땅 위의 모든 것과 기어 다니는 모든 것을 다스리게 하노라"라고 말해요. 이 구절을 보면 동물은 마치 인간을 이롭게 하기 위해 존재하는 것처럼 보여요.

독일의 철학자 이마누엘 칸트Immanuel Kant는 인간이 '창조'에서 아주 특별한 자리를 차지한다고 생각했어요. 그런 생각을 한 것이 칸트가 처음은 아니에요. 전통적으로 인간은 스스로를 매우 높이 평가해왔어요. 구약성경을 보면 신이 자신의 모습을 본떠 인간을 만들었다고 해요. 이것은 인간이 특권을 가진 존재이고, 다른 동물보다 우위에 있다고 믿게 만드는 근거가 돼요. 칸트는 인간이 자신의 가치를 '모든 가치 위에' 두고 있고, 동물의 가치는 인간에게 '쓸모 있는 만큼'이라고 주장했어요. 칸트에게 동물은 인간의 도구이며, 그런 까닭에 인간에게 유익하다는 목적만 확실하다면 동물에 대한 잔혹 행위도 정당하다고 믿었어요. 과학자가 질병 치료법을 알아내기 위한 의도로 실험을 한다면, 동물에게 고통을 주는 실험일지라도 정당하다는 뜻이에요. 그러나 투우(사람이 소를 상대로 싸우는 투기, 오락의 일종이에요)같이 오락이나 스포츠 용도로 동물을 괴롭히는 학대는 정당하지 않다고 생각했어요.

물개 여인의 운명이
뒤바뀐 결정적 순간

갯바위에 붙은 홍합을 주우며 시간을 보내는 어부가 있었어요. 그는 작은 배를 타고 가까운 바다로 나가 연어 낚시를 하기도 했어요.

여느 때와 같이 홍합을 줍던 날, 저 멀리 바다 위로 솟은 바위에 붙은 홍합 무더기가 보였어요. 어부는 물을 건너갔어요. 그런데 홍합을 모두 주우려고 지나치게 욕심을 부리다 보니 자기가 어디에 있는지 잊어버리고 말았어요. 그가 다시 돌아가려고 일어섰을 때는 이미 늦은 후였어요. 바닷물이 너무 차가워서 도로 건너가지 못하고 고립되고 말았지요.

앉아서 기다리는 것 말고는 다른 뾰족한 수가 없었어요. 시간이 한참 지났어요. 추위에 몸이 얼어붙은 어부는 몸을 웅크리고 앉아 있었

94

어요. 밤이 되자 구름이 갈라지면서 그 사이로 달빛이 보이기 시작했어요. 그때 물개 한 무리가 해변으로 올라오는 것이 보였어요. 그런데 물개들이 가죽을 벗더니 어부가 지금까지 본 어떤 사람보다 아름다운 여인으로 변하는 것이 아니겠어요? 직접 보고도 믿기지 않는 광경이 펼쳐졌어요. 놀라서 넋이 나간 어부는 두 눈을 크게 뜨고 숨 죽인 채 계속 지켜봤어요.

시간이 흘러 바닷물이 빠지고 건너갈 수 있게 되었지만, 어부는 시간 가는 줄 모르고 해가 뜰 때까지 물개 여인들을 지켜봤어요. 한참 구경을 하다 보니 어부는 이상한 기분이 들었어요. 마치 꿈을 꾸는 것 같았지요. 어부는 신비한 물개 여인들 근처로 몰래 다가가서 가죽 하나를 훔쳤어요.

어부가 훔친 가죽은 한 물개 여인의 것이었어요. 그들은 가죽이 없으면 다시 물개로 변신할 수 없어요. 다른 물개들은 모두 물로 돌아가고 어쩔 수 없이 그녀 혼자 남겨졌어요. 어부는 물개 여인에게 자신과 함께 가자고 했어요. 그녀는 언젠가 가죽을 되찾을 수 있으리라 기대하면서 어부를 따라갈 수밖에 없었어요.

집 앞에 도착하자 어부는 물개 여인에게 집 안으로 들어오라고 손짓했어요. 그날 밤 물개 여인이 잠들자 어부는 물개 가죽을 초가지붕 아래에 숨겼어요. 물개 여인은 어부와 함께 살게 되었고, 그렇게 며칠이

몇 년으로 바뀌었어요. 물개 가죽은 철저하게 숨겨진 채로 있었고, 여인은 바다의 고향을 서서히 잊기 시작했어요.

그래도 물개 여인은 자신도 모르게 종종 바닷가에 가서 서 있곤 했어요. 누가 혹은 무엇이 자기를 바다로 불러냈는지 깨닫지 못한 채 몇 시간이고 가만히 서 있었지요.

어느 날 아침 물개 여인이 빵을 굽고 있는데 초가지붕에서 기름 한 방울이 떨어져 부엌 탁자에 묻었어요. 익숙한 냄새, 그녀는 곧바로 물개 기름 냄새라는 것을 알게 되었어요. 그리고 몇 달 후 같은 일이 또 일어났어요.

마침내 물개 여인은 사다리를 타고 올라가서 초가지붕을 뒤지기 시작했어요. 그녀는 물개 가죽을 발견했어요. 몇 년 동안 쌓인 먼지를 모두 털어냈더니 해변에 벗어두었던 그때처럼 가죽에서 윤이 났어요.

여인은 반짝이는 가죽에서 풍기는 익숙한 향을 맡아 보았어요. 가죽을 만지고 냄새를 맡으니 바다에서 살던 기억이 폭포가 쏟아지듯 한꺼번에 되살아났지요. 그녀는 바닷가로 가서 물개 가죽을 걸쳤어요. 그러자 곧바로 원래의 물개 모습으로 바뀌었어요. 물개는 바다에 살고 있는 가족의 품으로 돌아갔답니다.

(이 이야기는 스코틀랜드에서 내려오는 '셀키 전설'을 각색한 것이에요. 셀키는 물에서는 물개가 되고 육지에서는 사람으로 변신하는 가상의 동물이에요.)

내 눈에 보이는 삶이 전부일까

물개 여인이 과거의 바다 생활을 기억해내는 데는 물개 기름 한 방울의 냄새면 충분했어요. 과거를 다시 기억해낸 물개 여인은 육지에서의 생활을 뒤로하고 바다로 돌아가야 한다고 느꼈어요. 육지에서의 생활이 바다보다 더 제한적이고 한계가 있었음을 쉽게 짐작할 수 있지요. 물론 물개 여인이 원해서 육지로 온 것도 아니었고요.

넓은 바다는 그녀에게 어마어마한 자유를 줬어요. 원한다면 바다에서 나와 가죽을 벗고 아름다운 사람으로 변신할 수도 있어요. 그러나 그녀는 물개 가죽을 빼앗기면서 바다에서의 삶을 완전히 잊게 됐어요. 이렇게 완전히 잊는 것을 우리는 '망각忘却'이라고 불러요. 망각은 어떻게 가능할까요? 아니, 그보다 더 중요한 것은 망각이 바로 무엇이냐는 것이죠.

물개 여인이 바다에서의 삶을 잊어버렸듯이, 여러분도 한때 더 넓은 곳에서 보낸 멋지고 즐거운 삶을 잊어버린 것은 아닐까요? 영국의 유명한 시인 윌리엄 워즈워스William Wordsworth는 어떻게 인간의 탄생이 곧 망각인지 시로 표현했어요. 워즈워스는 인간이 세상에 태어나면 진정한 고향인 신으로부터 받은 영광의 흔적을 잊어버린다고 생각했어요. 우리가 세상에 태어나면 이전에 신 안에서 누렸던 불멸의 삶을 잊는다는 거예요. 워즈워스의 생각처럼 여러분도 인간으로 태어나면서 진정한 고향을 잊어버렸다고 생각하나요? 아니면 이 세상에 태어나기 전에 다른 곳에 존재했었다고 믿는 것은 공상이라고 보나요?

여러분이 기억하는 생애 최초의 기억은 무엇인가요? 스페인의 화가 살바도르 달리Salvador Dali는 자신이 어머니 자궁 속에 있었던 과거를 기억한다고 주장했어요. 여러분도 과거를 기억하나요? 아기였을 때의 기억이 있나요? 냄새를 맡거나 특정 광경을 볼 때 혹은 맛이나 촉감을 느끼고 음악을 들었을 때 즉각적으로 어떤 기억이 떠오를 때가 있나요? 프랑스 작가 시몬 드 보부아르Simone de Beauvoir는 어린 시절의 기억이 인생에서 가장 강한 기억이며 우리의 자아에 지속적으로 영향을 미친다고 말했어요. 우리가 아이일 때 세상은 아주 새롭고 활기찬 빛으로 가득 차 있죠. 다만 나이가 들어 세상에 익숙해지면 그 빛을 잃어버리게 된다고 해요.

기억은 무엇일까요? 기억한다는 것은 무엇일까요? 기억에도 다양한 유형이 있을까요? 간혹 사람들은 단기 기억과 장기 기억이 있다고 말해요. 자전거를 타는 일처럼 무엇인가를 하는 방법에 관한 기억도 있고 아이디어와 사실, 사건과 경험에 관한 기억도 있죠. 그런데 다양한 유형의 기억을 묘사하는 것이 기억의 성질을 밝히는 것일까요? 아마 그건 아닐 거예요.

하이데거는 기억이 사고를 위한 필수 요소라고 생각했어요. 그래야 "존재한다는 것은 무엇일까?"라는 존재에 관한 질문을 할 수 있으니까요. 하이데거는 우리가 이 질문을 종종 잊어버린다고 지적했어요.

기억을 이야기한 철학자들

플라톤은 불멸의 영혼, 이데아 그리고 다른 진리를 알게 되는 과정에서 기억이 아주 중요하다고 생각했어요. 기억을 통해 학습이 어떻게 이뤄지는지 설명하기 위해서 플라톤은 '상기想起'라는 개념을 도입했어요. 우리가 배우게 되는 모든 것이 이미 우리 안에 들어 있다는 뜻이에요. 플라톤은 배움이란 이미 알고 있지만 어쩌다 보니 잊어버렸던 것을 다시 기억해내는 과정이라고 정의했어요.

아리스토텔레스는 플라톤과 다르게 기억을 이해했어요. 기억이 일어나는 과정과 기억하기 가장 좋은 방법을 주제로 글도 썼죠. 그는 연결 고리를 찾을 수 있다면 사람은 무엇이든 기억할 수 있다고 믿었어요. 즉 순서가 잘 정해져 있으면 기억하기가 쉽다는 말이에요.

니체는 기억이 놀라울 만큼 강력한 힘을 가졌다고 생각했어요. 그는 자신의 기억 아주 깊숙한 곳을 파고들다가 서양 문화의 토대까지 들여다보게 되었어요. 니체는 기억을 인간이 가진 성질이라고 생각했을 뿐만 아니라 세상 만물도 기억을 가지고 있다고 봤어요. 그가 말하는 기억은 인간 두뇌의 범위를 벗어나는 매우 원초적인 수준의 기억이에요. 예를 들어 식물은 눈으로 볼 수 없기 때문에 이미지가 없는 기억을 갖고 있다고 해요. 니체는 모든 생명체가 이전 세대의 기억을 깊이 갖고 있다고 했어요.

아일랜드의 시인이자 극작가이며 정치가인 윌리엄 버틀러 예이츠 William. B. Yeats는 니체의 생각과 비슷한 맥락으로 기억을 이해했어요. 예이츠는 '대기억'이 존재한다고 믿었어요. 그의 주장에 따르면 대기억은 대자연에 속하는 것으로, 모든 사람의 기억이 곧 대기억의 일부예요.

첫 번째 숲에서 여러분과 생각 대장은 미지의 세상으로 발을 내딛었어요. 아
니, 미지의 세상으로 뛰어들었다고 해야 맞는 표현일 거예요.

사실 생각 대장은 개구리 프리다처럼 모험을 시작하는 것이 신나면서도 두
려웠어요. 하지만 철학의 숲은 새로운 것들을 보여줬어요. 우선 장님과 코끼
리 이야기를 통해 질문의 중요성을 배웠어요. 여태껏 세상을 보는 시각이 좁
았다는 것을 깨달았고, 질문을 자주 함으로써 다양한 각도로 세상을 보는 법
도 배웠어요. 두 발로 선 쥐는 다시 한 번 탐험에 필요한 용기를 기르는 법을
가르쳐주었어요. 내가 나비인지, 나비가 나인지를 묻는 장자를 통해 꿈과 죽
음의 본질에 대해 생각해볼 수 있었고, 나라다와 비슈누의 이야기를 통해 우
리가 사는 세상이 현실인지 환상인지도 궁금해졌어요. 뇌와 몸이 분리된 데
넷의 "나는 어디에 있는가?", "나는 누구인가?"라는 질문은 토끼 굴로 들어
간 이상한 나라의 앨리스처럼 생각 대장을 더욱 혼란스럽게 만들기도 했어
요. 또한 사냥꾼을 떠난 여우 각시를 통해 인간과 동물이 분리된 순간도 목격
했어요. 마지막으로 만난 물개 여인을 통해 기억과 망각의 중요성에 대해서
도 떠올려봤어요. 물개 기름 한 방울로 벌어진 사건을 보면서 우리가 멋지고
자유로운 이전의 삶을 잊어버린 것은 아닌지 곰곰이 생각해볼 수 있었어요.

CHAPTER 2

두 번째 숲
모든 것에 의문을
품기 시작하다

"당신이 두려워 하는 동굴 속에
바로 당신이 찾는 보물이 있어요."

−조지프 캠벨 Joseph Campbell

두 번째 숲에서 생각 대장은 미지의 세상으로 더 깊이 들어가 새로운 모험의 길을 찾을 거예요. 더 넓은 생각의 숲에 적응하기 위해서는 새로운 시각과 사고방식을 배워야 해요. 세상을 탐험하는 모험가 역할에 익숙해지면 여러분과 생각 대장은 가슴속에 '황금색 씨앗'이 아주 천천히 자라는 것을 느끼게 될 거예요. 이는 세상을 새롭게 보는 눈을 열어줄 씨앗이에요.

여러분, 계속 길을 갈 준비가 되었나요? 여러분의 생각에 활기를 불어넣어줄 미지의 길을 찾아 나설 준비가 되었나요?

칼 대신 다른 무기를 선택한 영웅 테세우스

먼 옛날 그리스에 영웅 테세우스가 살고 있었어요. 테세우스는 뛰어난 칼 솜씨로 적을 물리쳐서 명성을 얻었어요. 그러나 그는 그런 명성에 만족하지 않았어요. 피로 물드는 칼에 점점 신물이 났고, 계속 적의 목을 베어야 한다는 생각에 슬펐어요. 테세우스는 자신에게 칼을 쓰는 일 말고 분명 다른 길이 있을 거라고 생각했어요.

생각에 거기까지 미치자 테세우스는 배를 타고 시실리로 가서 에트나산에 칼을 던졌어요. 거대한 화산은 테세우스의 칼을 집어삼켰어요.

테세우스가 다음으로 향한 곳은 크레타섬이었어요. 미노타우로스라 불리는 무서운 괴물이 그곳에 살고 있다는 이야기를 들은 적이 있었거든요. 미노타우로스는 반은 황소이고 반은 인간인 반인반수半人半獸예요. 성질이 난폭했기 때문에 크레타 사람들은 미노타우로스를 미로 안에 가둬 놓았어요. 미노타우로스는 제물로 바쳐지는 인간을 잡아먹으며 미로 안에서 살고 있었답니다. 테세우스도 미노타우로스가 두려웠지만 한편으로 엉뚱한 생각이 들기 시작했어요. '칼이 없는데 미노타우로스와 맞닥뜨린다면 어떻게 될까? 내가 무기 없이 미노타우로스와 대적한다면 어떻게 될까?' 테세우스는 무척 궁금했어요.

미노타우로스를 무찌르려면 많은 준비를 해야 했어요. 크레타섬에 도착한 테세우스는 왕 미노스의 딸 아리아드네를 만났어요. 아리아드네는 테세우스를 돕기로 했고, 둘은 미로의 가장자리로 들어가 가정을 꾸리고 살았어요. 세월이 흘러 두 사람은 아들 하나와 딸 하나를 낳았어요.

그즈음 테세우스 가족은 같은 꿈을 되풀이해서 꿨어요. 꿈속에서 그들은 아무 무기도 들지 않고 함께 미로 속으로 들어갔어요. 지하 미로를 통과해 미노타우로스를 발견했지요. 미노타우로스는 으르렁거리며 그들을 향해 걸어왔어요. 처음에는 공격하려는 줄 알았어요. 그런데 딸에게 털실 뭉치를 건네는 게 아니겠어요. 아리아드네는 온 가족이 입을 털 스웨터에 꿈에서 본 모습을 그려넣기로 했어요. 스웨터가 모두 완성되자 테세우스 가족은 이제 미로에 들어갈 때가 되었음을 직감했어요. 그들은 거대한 미로에서 며칠 밤낮을 헤매며 돌아다녔어요.

드디어 올 것이 왔어요. 미노타우로스가 그르렁거리는 소리가 들리기 시작했어요. 처음에는 나지막하던 소리가 점점 커졌고, 마침내 벽에 미노타우로스의 거대한 그림자가 보였어요. 바로 그 순간 미노타우로스가 눈앞에 나타났어요. 테세우스와 아리아드네, 아이들 모두 꿈쩍 안 하고 서 있었어요.

그런데 이상하게도 전혀 겁이 나지 않았어요. 미노타우로스는 천둥 같은 소리를 냈지만 네 사람 모두 꿈에서 본 것처럼 미노타우로스의 울부짖는 소리가 그들을 초대하는 것이라고 받아들였어요. 그래서 망설임 없이 미노타우로스를 따라가기 시작했지요. 테세우스의 딸은 심지어 미노타우로스의 손을 잡았어요. 길을 잘 아는 미노타우로스는 테세우스 가족이 미로를 벗어나 지상으로 나갈 수 있게 안내해줬어요. 다시 돌아온 땅 위 세상은 예전과 달라 보였어요. 한 번도 느껴보지 못한 활기가 강하게 느껴졌어요. 인간, 동물, 자연 등 세상의 모든 것들이 서로 연결된 것처럼 보였어요.

(이 이야기는 테세우스와 미노타우로스 신화에 바탕을 둔 것으로 존 모리아티가 쓴 『오랫동안 사라졌던 거북이』에 실린 내용이에요.)

영웅의 무기는 창과 방패만이 아니다

테세우스는 영웅이라고 해서 항상 폭력을 써야 하는 것은 아니라는 사실을 깨달았어요. 세상에는 폭력의 길뿐만 아니라 비폭력의 길도 있지요. 테세우스와 그의 가족은 미노타우로스에게 접근할 때 비폭력의 길을 선택했어요. 이는 미노스 왕과 다른 사람들은 상상할 수 없는 일이었어요. 크레타 사람들은 괴물인 미노타우로스가 두려웠거든요. 그러나 반은 인간인 그를 죽일 수는 없어서 미로에 가두었어요. 그가 평생 그곳에 머물 것이라 믿으면서 말이죠.

대부분의 크레타 사람들과 달리 테세우스와 그의 가족은 미노타우로스의 괴물 같은 겉모습 이면에 있는 다른 모습을 보았어요. 게다가 무기를 사용하지 않기로 결심했고, 미노타우로스를 직접 만나기 위해서 미로에서 길을 잃는 것도 마다하지 않았어요. 그 과정에서 전혀 예상하지 못한 것을 얻을 수 있었지요. 미노타우로스는 테세우스 가족이 무기 대신 선의를 가지고 자기를 만나러 왔다는 것을 알았어요. 그에 대한 보답으로 그들을 기꺼이 미로 밖으로 안내했죠. 미노타우로스가 테세우스 딸의 손을 잡고 미로 밖으로 걸어 나가는 모습을 상상해보세요. 이런 장면은 인간의 마음에 다른 생각을 불어넣지 않을까요?

테세우스가 칼을 가졌을 때와 버렸을 때 보여준 영웅적 행동을 비교하면서 우리는 '영웅이란 무엇인가? 다양한 유형의 영웅이 존재할까?' 라는 질문을 던질 수 있어요. 여러분이 영웅이라고 생각하는 사람이 있나요? 왜 그 사람을 영웅이라고 생각하나요?

흔히 소방관, 의사, 경찰관은 사람의 목숨을 살리는 일을 하기 때문에 영웅이라고 불리지요. 군인도 국가와 국민을 보호하기 때문에 영웅이라고 할 수 있어요. 그 밖에도 간디, 마틴 루서 킹, 테레사Teresa 수녀, 흑인 인권 운동가 넬슨 만델라Nelson Mandela, 말랄라 유사프자이 모두 다른 사람의 권리를 위해 평화롭게 싸운 영웅이라고 할 수 있어요.

그리고 예수와 부처는 테세우스와 그의 가족이 보여준 새로운 영웅의 모습을 가장 먼저 보인 선구자라 할 수 있답니다. 예수와 부처는 평화롭고 훌륭하게 사람들을 보듬었어요. 예수와 부처라면 절대로 미노타우로스를 가두려고 미로를 만들지 않았을 거예요. 두 팔 벌려 미노타우로스를 환영했겠죠. 두 성인聖人은 남에게 인정을 베푸는 삶을 보여주려고 했고, 그런 모습은 수천 년 동안 많은 이에게 깊은 영향을 미쳤어요.

테세우스 이야기는 폭력을 사용하지 않는 영웅의 모습을 알리기 위한 것이에요. 하지만 우리는 그 반대의 경우도 생각해봐야 해요. 무력을 사용하는 영웅도 필요할까요? 전쟁이 일어났을 때 나라의 평화를 되찾기 위해서 폭력의 길을 걷는 영웅이 있다면 그의 행동은 정당화될 수 있을까요? 무고한 사람의 목숨이 위협받는 극단적인 상황에서 비폭력의 길은 너무나 순진하고 비현실적인 선택이 아닐까요? 예를 들어 제2차 세계대전에서 나치에 대항해 비폭력 운동을 벌였다면 효과가 있었을까요? 우리는 많이 고민하고 또 생각해봐야 해요.

영웅을 이야기한 철학자들

키르케고르는 영웅을 가리켜 '믿음의 기사'라고 표현했어요. 키르케고르에게 믿음은 기적을 의미하는데, 안타깝게도 세상에 진정한 믿음을 가지고 있는 사람이 거의 없으므로 믿음의 기사도 거의 없다고 할 수 있어요. 때론 믿음의 기사는 사회에서 잘못된 일로 인식되는 행동을 해야 할 때도 있어요. 키르케고르는 구약성경에 등장하는 아브라함을 예로 들었어요(47쪽 참조). 아브라함은 아들 이삭을 죽이려고 했기 때문에 잠재적 살인자라고 할 수 있어요. 그러나 다른 한편으로는 어떤 도덕적 기준에도 얽매이지 않을 정도로 신에 대한 믿음이 깊었기 때문에 그를 믿음의 기사라고 할 수 있지요. 이것이 바로 키르케고르가 말하는 믿음의 기사가 제시하는 역설이에요.

니체가 말하는 위버멘쉬Übermensch, 즉 '초인超人'은 이 책에 묘사된 새로운 유형의 영웅과 조금 닮았어요. 전통적인 영웅은 괴물이나 야수를 칼로 무찌르지만 테세우스는 그와는 다른 새로운 유형의 영웅이에요. 테세우스는 괴물을 죽이지 않는다는 점에서 니체가 말하는 초인과 비슷해요.

체코 출신의 작가 밀란 쿤데라Milan Kundera는 소설 『느림』에서 '빈둥거리는 영웅'을 묘사했어요. 쿤데라가 말하는 빈둥거리는 영웅이란 한가로이 여기저기 돌아다니며 탐색하고 생각하는 데 시간을 쓰는 탐험가이자 공상가예요. 쿤데라는 빈둥거리는 영웅은 신의 창窓을 계속 바라보는 사람이라고 말했어요. 행복한 마음으로 가만히 서서 앞에 보이는 것을 즐기는 사람이라는 뜻이에요. 성공과 뚜렷한 목적의식이 인생에서 가장 중요한 가치라고 여겨지는 세상에서 빈둥거리는 영웅은 큰 영감을 주는 존재가 되고 있지요.

모리아티는 새로운 유형의 영웅을 가리켜 칼을 내려놓고 본연의 모습을 드러낼 준비가 된 사람이라고 말했어요. 새로운 영웅은 열린 마음으로 삶을 마주해요. 니체처럼 모리아티도 괴물이나 야수를 죽이지 않고 있는 그대로 수용하는 영웅의 모습을 그렸어요. 니체와 다른 점이 있다면 인간의 영혼이 그런 영웅을 수용하기 위해서는 기도와 신의 지지가 반드시 필요하다고 믿었어요. 모리아티는 우리가 기도하지 않고 신이 우리를 이끌어주지 않는다면 우리의 마음은 '이두메아Idumea'처럼 된다고 생각했어요. 이두메아는 성경에 등장하는 고대 왕국으로 올빼미와 용이 들끓는 땅이에요. 다시 말해 우리의 숭고한 마음이 광기에 점령당할 수 있다는 뜻이지요.

인간에게 아주 소중한 것을 숨기기로 한 신

모든 인간이 위대한 존재였던 시절이 있었어요. 신이 존재하는 인간의 세상은 신성했어요. 그런데 언제부터인지 인간이 위대한 신성을 잘못 사용하기 시작했어요. 신에게 거의 신경을 쓰지 않고, 인간들 스스로 창조한 것과 직접 할 수 있을 일에만 정신을 쏟기 시작했어요. 이를 괘씸하게 여긴 최고 신 브라흐마는 인간의 신성한 불꽃을 빼앗아 결코 찾을 수 없는 곳에 숨기기로 결심했어요.

"인간의 신성을 어디에 숨기면 좋을까?" 브라흐마는 혼자 곰곰이 생각했어요. 그리고 답을 찾기 위해서 신들을 불러 모았어요.

"땅속 깊은 곳에 묻으세요." 한 신이 말했어요.

"아니에요. 인간들이 땅을 파서 찾아낼 거요." 브라흐마는 땅속 깊은 곳에 묻는 것이 그다지 좋은 방법 같지 않았어요.

"가장 깊은 바다에 숨기는 건 어떻습니까?" 다른 신이 말했어요.

이번에도 브라흐마는 만족하지 못했어요. "인간들은 똑똑해요. 분명 잠수하는 법을 배워서 바다 밑바닥까지 가서 찾아낼 겁니다."

"가장 높은 산꼭대기에 숨기는 건 어떻습니까?" 또 다른 신이 제안했어요.

"아니에요. 그러면 인간들은 모든 산을 다 올라갈 거예요. 그래서 자신들의 신성을 되찾을 거예요." 브라흐마가 대답했어요.

신들은 모두 포기하면서 말했어요. "어디에 숨겨야 할지 정말 모르겠군요. 인간의 손이 닿을 수 없는 안전한 장소가 지구상에는 없는 듯합니다."

브라흐마는 찾기 어렵고 아주 깊숙한 장소를 찾아서 자리를 떴어요. 그리고 얼마 후 신들이 모여 있는 곳으로 돌아와 말했어요.

"자, 들어보세요. 인간들이 절대 들여다보지 않을 곳에 그들의 신성을 숨겨야 합니다. 그래서 말인데, 인간의 '마음' 안에 신성한 불꽃을 숨기려고 합니다. 인간들은 오히려 자기 안을 들여다볼 생각은 절대 하지 않을 겁니다."

다른 신들 모두 이상적인 은닉처라고 생각했어요. 그래서 신성한 불꽃을 인간의 마음속에 숨겼어요. 이후 인간은 사라진 신성을 찾아 땅

을 파고, 물에 들어가고, 산을 오르는 등 지구 구석구석을 뒤지고 살펴 봤지만 모두 헛수고였어요. 왜냐고요? 그들이 찾는 것은 바로 그들 안에 있기 때문이지요.

(이 이야기는 고대 힌두교 전설을 바탕으로 한 것이에요.)

우리가 그토록 찾아 헤매는 것은 우리 안에 있다

이 이야기는 인간의 문제가 무엇인지 힌두교의 관점에서 묘사하고 있어요. 인간 내면의 가장 안쪽에 존재하는 영원한 핵심을 힌두교에서는 '아트만Atman'이라고 불러요. 이는 영혼 또는 진정한 자아를 의미해요. 인간의 육체는 사라져도 아트만은 계속 존재한답니다. 아트만은 아침 이슬방울만큼 순수해요. 어떤 경험이나 행동도 아트만을 훼손할 수 없어요. 힌두교 신자들은 그런 아트만이 곧 신이라고 주장해요. 하지만 이야기를 보면 인간은 아트만을 상실했고 결과적으로 진정한 인간 본성과 접촉이 끊긴 상태예요.

힌두교 외의 다른 종교에서도 인간의 마음에 신성한 불꽃 또는 불멸의 영혼이 들어 있다고 믿어요. 참고로 종교계는 우리 안의 영혼을 발견할 수 있는 방법이 많다고 해요. 예를 들면 기도, 봉사, 명상이나 요가 등이 있어요.

이렇듯 인간의 존재에 대한 종교적 입장을 파악해봐도 여전히 많은 질문이 남아 있어요. 특히 몇몇 철학자는 인간에 대한 종교적 이해를 따르지 않았어요. 그렇다면 그들은 인간과 본성을 어떻게 해석했을까요?

아리스토텔레스와 일부 철학자는 불멸의 영혼이 존재하지 않는다고 생각했어요. 아리스토텔레스에게 인간을 가장 잘 표현한 말은 '이성적인 동물'이었어요. 일부 철학자는 인간이 다른 동물에게 없는 특별한 성질을 갖고 있다고 했어요. 육체와 이성적 사고 능력을 갖고 있다는 것 외에도 사랑하고, 개인의 이익을 추구하고, 시기하고, 폭력적이고, 사교적이고, 자유롭게 활동하고, 정치적이고, 창의적이고, 웃을 수 있는 것 등이 인간의 성질이라고 주장했어요.

그렇다면 인간의 본성은 어떻게 알 수 있을까요? 플라톤과 그를 따르는 철학자에 의하면 우리 자신의 본성을 알기 위해서는 눈에 보이는 세상 밖의 이면까지 볼 줄 알아야 하고, 진정한 이데아의 세상을 들여다볼 줄 아는 통찰력이 있어야 해요. 하지만 아리스토텔레스 같은 철학자는 이데아의 세상은 존재하지 않고, 진정한 본성을 발견하기 위해서는 오히려 자기 자신과 현실 속 주변부터 자세히 살펴야 한다고 믿었어요.

사실 인간의 본성을 찾으려는 것 자체가 무의미한 시도이기도 해요.

아무리 찾아 헤매도 알 수 없을지도 몰라요. 니체는 인간을 가리켜 '불확정적 동물'이라고 묘사했어요. 인간의 본성이 다른 어떤 동물보다 불확실하고 변덕스럽다는 의미죠. 그러므로 본성이 고정되어 있지 않아서 이를 알아내기란 더욱 어려워요.

그렇다면 인간은 대체 무엇일까요? 영국의 작가 토머스 브라운 Thomas Brown은 니체와 비슷한 맥락으로, 인간을 간단하게 정의 내렸어요. 그는 '인간은 대담하고 모험적인, 자연의 한 조각'이라 말했답니다.

인간을 이야기한 철학자들

인간을 설명하기 위해 플라톤은 『대화』에서 날개 달린 말 두 마리가 끄는 마차와 마부를 묘사했어요. 마부는 지성을 나타내고 마차는 인간의 영혼을 나타내요. 두 마리 말 중 하나는 고귀한 말이에요. 그 말은 선善을 행하고 불멸의 본성에 양분을 제공하며 하늘 너머로 날아가 진실을 보고 싶어 해요. 다른 한 마리는 수치심을 표현하는 말이에요. 욕망을 채우기 위해 지상으로 내려가고 싶어 하지요. 전혀 다른 두 말에 의해 영혼은 두 갈래 길 앞에 놓이게 돼요. 이를 통해 진정한 인간이 되는 것은 굉장히 힘든 일임을 알 수 있어요.

영국의 철학자 토머스 홉스Thomas Hobbes는 정치철학의 창시자로 인정받는 인물 중 한 명으로, 그의 인간관은 플라톤과 매우 달랐어요. 홉스는 이데아의 세계나 천국 또는 다른 이상의 세계를 믿지 않았어요. 인간이 불멸의 영혼을 가지고 있다는 것도 믿지 않았지요. 홉스는 인간을 포함한 우주에 존재하는 모든 것이 물질로 이루어져 있다고 생각했어요. 인간은 그저 살과 피로 된 기계에 불과하다고 여겼지요.

니체는 인간을 병든 동물이라고 정의하고 병을 극복해야 한다고 생각했어요. 그렇게 생각한 가장 큰 이유는 기독교의 영향으로 사람들이 지상에서의 삶을 죽음 이후의 삶보다 소중하지 않다고 여겼기 때문이에요. 니체는 병든 인간에게 필요한 약으로서 '초인' 사상을 도입했어요. 초인 사상은 다음 세상이 아닌, 바로 '지금 여기'에 의미가 있다고 믿으며 현재의 삶을 긍정해요.

앤디 클락은 인간을 자연에서 태어난 사이보그Cyborg라고 묘사했어요. 자연적 요소와 기술적 요소가 결합되어 만들어진 존재라는 뜻이에요. 클락은 선사시대의 몽둥이부터 현대의 심장 박동기나 뇌과학에 이르기까지 어떻게 인간이 기술과 깊은 관련을 맺어왔는지 설명했어요. 우리가 하는 일과 생각에 기술을 포함시키는 것, 곧 인간이 사이보그가 되는 방법이지요.

좁은 항아리 속에서
모든 것을 얻은 남자

철학자 디오게네스Diogenes는 터키의 도시 시노프에서 자랐어요. 그는 생각하고 행동하는 방식이 다른 사람과 달랐어요. 무엇이든 마침표를 선호하는 사회에서 디오게네스는 살아 움직이는 물음표와 같았어요. 디오게네스의 아버지 히케시아스는 은행가로 시노프의 모든 주화를 만드는 화폐 주조소를 책임지고 있었어요.

청년이었을 때 디오게네스는 어떻게든 화폐 주조소에 들어가서 일부러 주화를 훼손하거나 자국을 남겨 사용할 수 없게 만들곤 했어요. 결국 디오게네스는 시노프에서 추방되어 그리스로 건너가 그곳에서 자신의 사고방식에 맞게 살았어요.

디오게네스는 다른 사람의 사고방식과 시간을 사용하는 방식에 대해서 거의 신경 쓰지 않았어요. 오로지 소박한 삶을 살아가는 데만 관심이 있었어요. 디오게네스는 소박한 삶이 곧 좋은 삶이라고 믿었어요. 그래서 오직 사발 하나만 갖고 살았지요.

그러던 어느 날 그는 두 손으로 샘물을 떠 먹는 아이를 보게 되었어요. 디오게네스는 그 아이가 자기보다 더 현명하다고 외치며 가지고 있던 사발마저 버렸어요.

디오게네스는 소박한 삶뿐만 하니라 훌륭한 삶을 살고자 했어요. 훌륭한 삶을 찾아 벌건 대낮에도 등불을 들고 이 마을, 저 마을을 돌아다녔어요. 여러 곳을 돌아다니며 자신이 어째서 훌륭하고 정직한 사람을 찾고 있는지도 큰 소리로 알렸어요. 대낮에도 등불을 들고 다닌 까닭은 세상에서 훌륭하고 정직한 사람을 찾는 것이 얼마나 어려운지 사람들에게 직접 보여주기 위해서였어요. 안타깝게도 디오게네스는 끝내 그런 사람을 찾지 못했지요.

소박한 삶이라는 이상에 맞추어 디오게네스는 항아리 같은 통 안에서 잠을 자고 낮에는 일광욕을 즐겼어요. 통 안에서 단순히 쉬기만 한 것이 아니라 아주 많은 일을 했어요. 그는 고민이나 걱정이 많은 사람들이 찾아오면 짐을 덜어주려고 애썼어요. 디오게네스는 사람들에게 그런 걱정의 대부분이 무의미하다는 것을 몸소 보여주었어요.

유명한 사람들도 디오게네스를 많이 찾아왔는데, 그중 알렉산더 대왕이 있었어요. 알렉산더 대왕은 그리스의 도시 코린트 외곽에서 디오게네스를 만나게 되었죠. 디오게네스가 통 옆에 앉아 햇볕을 쬐고 있었을 때였어요. 왕이 다가오는 것을 알아차린 디오게네스는 몸을 세워 앉아서 알렉산더의 얼굴을 정면으로 쳐다봤어요.

알렉산더 대왕이 인사하며 말했어요. "디오게네스, 내 그대의 용감한 행동에 관한 이야기를 듣고 그대를 주목해왔소. 용기 있는 삶에 대한 보상을 해줄 테니 무엇이든 바라는 것이 있다면 말하시오."

디오게네스는 말했어요. "네, 폐하. 저를 위해 해주실 게 있습니다. 해를 가리지 않도록 옆으로 비켜주십시오."

디오게네스의 말에 놀란 알렉산더 대왕은 자신을 수행하는 관리들에게 돌아서서 말했어요. "그대들이 어떤 말을 할지 모르겠지만 내가 알렉산더가 아니었다면 나는 디오게네스가 되고 싶을 것이오."

(이 이야기는 디오게네스 라에르티오스가 쓴 『유명 철학자들의 삶』의 내용을 바탕으로 한 것이에요.)

많은 재산이 부의 필수 조건일까

디오게네스의 이야기는 많은 질문을 떠올리게 합니다. 여러분은 디오게네스처럼 소박한 삶을 살고 싶나요? 디오게네스가 훌륭한 삶을 살았다고 생각하나요? 알렉산더 대왕은 왜 자신이 아닌 디오게네스가 되고 싶다고 했을까요? 자신의 욕구를 다스릴 줄 알았던 디오게네스와 많은 땅을 정복한 알렉산더 대왕 중에 누가 더 위대한 사람일까요?

이 이야기와 관련된 주제는 '부富'예요. 부는 무엇일까요? 부는 일반적으로 돈, 소유물, 세속적인 권력을 의미해요. 이런 것들을 잣대로 부를 평가하면 알렉산더 대왕은 상상할 수 없을 만큼 부유한 사람이고, 디오게네스는 극도로 가난한 사람이라고 할 수 있어요.

알렉산더 대왕은 막대한 부를 가지고 있었어요. 그러나 디오게네스는 그것을 대수롭지 않게 생각했지요. 디오게네스처럼 독일 출신의 과학자 아인슈타인Albert Einstein도 물질적 부를 중요하게 생각하지 않았어요. 아인슈타인은 물질적 부는 인류가 앞으로 나아가는 데 도움이 되지 않는다고 확신했어요. 돈은 이기심에만 호소하고 이를 소유한 사람들은 돈을 함부로 쓴다고 생각했지요. 아인슈타인은 욕심 없이 살아가는 순수한 사람만이 훌륭한 생각과 고귀한 행동을 할 수 있으며 이를 통해 인간성이 향상된다고 믿었어요.

돈과 소유물로 대표되는 물질적 부 외에 영적인 부도 있어요. 영적인 부는 세상의 풍요로움을 있는 그대로 보고 경험할 수 있는 능력이에요. 아인슈타인은 삶을 살아가는 데 두 가지 방법이 있다고 이야기했어요. 첫 번째는 어떤 것도 기적이 아니라고 생각하며 살아가는 것이고, 두 번째는 모든 것을 기적이라고 생각하며 살아가는 자세예요. 바로 두 번째 방식이 영적인 부를 나타내지요.

영적인 부를 추구하며 살아간 인물로 크리스토퍼 맥캔들리스Christopher McCandless를 들 수 있어요. 유복한 환경에서 자란 그는 공부, 운동 등 못하는 것이 없었어요. 하지만 맥캔들리스는 인간이 돈에 의존하지 않는다면 훨씬 더 신나게 살 수 있다고 믿었죠. 그래서 가진 것을 모두 버리고 모험의 길을 떠났어요. 결국 맥캔들리스는 알래스카의 야생 속에서 살다가 스물넷의 젊은 나이에 생을 마감했답니다. 아마도 음식을 먹지 못했거나 독이 든 식물을 먹고 죽었을 것이라고 일부 사람들이 추측하고 있어요.

맥캔들리스는 보장된 미래를 갖는 것만큼 모험심이 가득한 영혼을 해치는 일도 없다고 생각했어요. 디오게네스와 비슷하게 맥캔들리스에게도 돈과 소유물과 직업은 세상의 경이로움을 느끼지 못하도록 막는 걸림돌이었어요. 참고로 맥캔들리스의 삶은 존 크라카우어Jon Krakauer의 책 『야생 속으로』의 주제로 다뤄졌답니다.

부를 이야기한 철학자들

예수는 부를 모으고 부자가 되려고 애쓰는 것은 신으로부터 멀어지는 길이라고 믿었어요. 예수가 부를 혐오했다는 것을 잘 보여주는 일화가 하나 있어요. 어느 날 예수는 신전으로 들어가 그곳에서 물건을 사고파는 사람들을 모두 내쫓았어요. 환전 상인의 탁자와 비둘기를 파는 상인의 의자까지 뒤엎어버렸어요. 또 다른 일화도 있어요. 십계명(기독교에서 전해지는 열 가지 계명이에요)을 지키며 사는 한 부자 청년이 예수에게 "제게 아직도 부족한 게 무엇입니까?"라고 묻자, 예수는 "네가 가진 모든 것을 팔고, 네가 받은 모든 것을 가난한 사람들에게 나눠주어라. 그런 다음 나를 따르라"라고 말했어요. 자기가 가진 부를 포기할 생각이 없었던 청년은 슬퍼하며 떠났지요.

스코틀랜드의 경제학자이자 철학자 애덤 스미스Adam Smith는 재산이나 부가 어떻게 불평등을 일으키는지 주목했어요. 스미스는 굉장한 부자 한 명이 존재하려면 적어도 500명의 가난한 사람이 있어야 하고, 소수의 부는 다수의 빈곤을 기반으로 축적된 것이라고 지적했어요.

카를 마르크스Karl Marx와 프리드리히 엥겔스Friedrich Engels는 독일의 철학자이자 경제학자, 정치 사상가예요. 두 사람은 함께 쓴 책 『공산당 선언』을 통해 어떻게 부가 평등하게 분배될 수 없는지 설명했어요. 마르크스와 엥겔스는 사회란 프롤레타리아Proletarier라 불리는 가난한 노동자 계급과 부르주아Bourgeois라 불리는 기업 또는 산업체 소유자 계급 사이의 투쟁으로 정의된다고 주장했어요. 그들은 계급투쟁을 극복하기 위한 방편으로 사유재산을 없앤 사회를 그렸어요. 어떤 것도 개인적으로 소유할 수 없고 모든 것이 만인의 공유물인 세상을 뜻해요. 이 세상에서는 무엇인가를 소유한다는 개념이 아무 의미도 없어요. 여러분은 그런 세상에 사는 것이 좋다고 생각하나요? 아니면 나쁘다고 생각하나요?

윌리엄 제임스William James는 미국의 철학자이자 심리학자예요. 그는 인간이 가난을 두려워하고, 소박한 생활을 추구하고 내면의 삶을 구원하기 위해 가난을 택한 사람들을 혐오하게 되었다고 주장했어요. 세상은 흔히 돈을 벌려고 달려들지 않는 사람을 두고 야망이 부족하다고 평가해요. 이에 제임스는 우리가 진정한 가난의 의미를 더 이상 알지 못한다고 지적했어요. 선조에게 가난이란 무엇인가를 소유하는 것으로부터 자유로워지는 용기를 의미했어요. 하지만 우리는 선조가 생각했던 가난의 진정한 의미를 잊어버렸어요. 제임스는 가난에 대한 두려움을 가리켜 문명사회가 앓고 있는 최악의 도덕적 질병이라고 정의했어요.

출생의 비밀을 갖고 태어난 왕

코르막 맥 에어트는 전설 속 아일랜드의 위대한 왕으로 손꼽혀요. 그가 왕이 된 이야기는 정말 놀랍답니다.

코르막의 아버지 아르트는 지고왕(아일랜드 전체를 다스리는 왕을 의미해요)을 결정짓는 전투에서 루가이드 맥 콘과 맞서게 되었어요. 아르트는 전투에 나서는 길에 드루이드교(고대 유럽의 종교 중 하나예요-옮긴이)의 명성 있는 성직자 올크 아차를 찾아갔어요. 올크 아차는 아르트에게 전투에 나가지 말라고 설득하려고 했지만 그의 마음을 돌릴 수 없다는 것을 알았어요. 올크 아차는 아르트에게 혹시라도 전투에서 목숨을 잃을 경우 후계를 이을 자녀가 있는지 물었어요. 그때까지 아르트에게 자녀는 없었어요. 올크 아차는 자신의 딸 아차탄에게 아르트의 아들을 낳아 그의 후계자로 기르라고 말했어요. 아차탄은 아버지의 말을 따르기로 했지요.

올크 아차의 마법으로 아차탄은 순식간에 아르트의 아들을 임신했어요. 그날 밤 아차탄은 이상한 꿈을 꿨어요. 꿈에서 그녀의 머리가 잘려나가고 잘린 목에서 거대한 참나무가 불쑥 자라났어요. 참나무 가지는 아일랜드 전체로 뻗어나갔어요.

아차탄은 아르트에게 자신이 꾼 꿈을 이야기했어요. 아르트는 꿈의 의미를 바로 이해하고 이렇게 말했어요. "그대의 머리가 잘려나간 것은 내가 전투에서 살아남지 못한다는 뜻이오. 하지만 아일랜드 곳곳으로 가지를 뻗은 나무는 당신이 낳을 우리 아들을 의미하고, 그 아이는 자라서 장차 위대한 왕이 될 거요."

다음 날 아르트는 전투에서 루가이드에 맞서 싸우다가 목숨을 잃고 말았어요. 아르트가 죽자 올크 아차는 배 속에 있는 딸의 아이를 보호하기 위해 아이를 에워싸는 다섯 개의 원을 그렸어요. 원은 늑대, 부상, 물, 불, 마법으로부터 아이를 안전하게 지켜줄 거예요.

아차탄은 루가이드가 아직 태어나지 않은 아이와 자신의 목숨을 노릴 것이 두려워서 황야로 피신했어요. 그곳에서 아들을 낳아 이름을 코르막 맥 에어트라고 지었지요. 출산을 하고 기진맥진한 아차탄은 깊은 잠에 빠졌어요. 그런데 잠든 사이에 암컷 늑대가 코르막을 훔쳐 동굴로 데려갔어요. 코르막은 그곳에서 늑대 젖을 먹으며 자랐어요. 아이를 잃은 아차탄은 큰 슬픔에 빠졌죠. 그렇게 1년이 지나 한 사냥꾼이 동굴에 들어가게 되었어요. 그곳에서 늑대와 노는 사내아이를 발견했어요. 아이가 누구인지 알아본 사냥꾼은 코르막을 아차탄에게 데려다 줬어요.

아차탄은 코르막을 데리고 안전한 곳을 찾아 얼스터 지방의 피아크 나캐산을 향해 떠났어요. 산을 넘는 도중에 아차탄은 늑대 무리를 만났어요. 코르막이 자기들 무리에 속한다고 믿은 늑대들이 아이를 찾아 그곳까지 뒤쫓아온 거였지요. 늑대들은 아차탄과 코르막을 에워쌌어요. 그때 어디에선가 흰말 떼가 나타나 아차탄과 코르막을 피아크나캐산까지 안전하게 바래다주었어요.

시간이 흘러 청년으로 성장한 코르막은 어느 날 타라 마을을 향해 길을 떠나게 되었어요. 도중에 깊은 절망에 빠진 한 여인을 만나게 되었어요. 코르막은 여인에게 왜 그렇게 속상해하냐고 물었어요. 여인은 자기가 기르던 양들이 옷감을 물들이는 데 사용되는 여왕의 작물을 뜯어먹었다고 했어요. 그래서 루가이드 왕이 양을 모조리 여왕에게 넘기라는 판결을 내렸다는 거예요.

루가이드의 판결을 이해할 수 없는 코르막이 말했어요. "받은 만큼 돌려주면 되지요. 양이 뜯어먹은 작물이 얼마나 되는지 모르지만, 그만

큼의 양털을 깎아 돌려주는 것이 더 공정한 판결이 될 겁니다." 코르막의 말은 삽시간에 널리 퍼졌고, 루가이드도 그 소문을 들었어요. 루가이드는 코르막이 진정한 왕임을 인정하고 그에게 왕좌를 내주었어요.

코르막이 왕이 되고 아일랜드는 안정을 되찾았어요. 아일랜드에 그런 태평성대는 없었지요. 나무가 울창한 숲을 이루고 강에는 물고기가 마음껏 헤엄치고 놀았어요. 군인은 칼과 방패를 집을 필요가 없었고 사람들은 세상과 조화를 이루며 살 수 있었죠. 모든 것이 코르막 맥 에어트 왕의 정의로움, 다시 말해 진정한 통치자가 지녀야 할 지혜와 진실과 정의 덕분이었어요.

(이 이야기는 존 모리아티가 쓴 『아일랜드를 떠올리며』의 내용을 바탕으로 한 것이에요.)

진정한 공평함은 무지에서 출발한다

모리아티는 코르막이 보여준 정의로움의 원천을 주목했어요. 늑대의 젖, 다시 말해 자연이 주는 양식을 먹고, 드루이드교 성직자인 할아버지가 건 주문의 보호를 받으며 자랐기 때문에 코르막은 동물적인 지혜와 인간 왕으로서의 자질을 동시에 얻은 거예요. 공명정대하고 고귀한

품성으로 코르막은 아일랜드를 태평성대로 이끌었어요.

코르막의 이야기는 공정하고 건강한 사회를 만드는 좋은 예가 될 수 있어요. 미국의 철학자 존 롤스 John Rawls도 건강한 사회를 만드는 방법을 살펴보았어요. 롤스는 사람들에게 정의롭고 공정한 사회를 위한 규칙을 만드는 것을 도와달라고 부탁하는 실험을 만들었어요. 이 실험을 롤스는 '무지의 베일'이라고 불렀어요. 롤스는 다음과 같은 가상의 상황을 제시했어요.

여러분은 병원 침대에서 막 깨어났고, 머리부터 발끝까지 붕대로 덮여 있어요. 자신이 남자인지 여자인지, 젊은 사람인지 노인인지, 부자인지 가난한지, 어떤 인종이고 어떤 종교를 가지고 있는지, 신체가 튼튼한지 약한지도 몰라요. 어떤 사회에 속하는지도 모르고, 정부의 형태가 어떤 종류인지, 심지어 정부가 있는지도 몰라요. 나라 형편이 부유한 편인지 빈곤한 편인지, 아니면 지금이 문명사회인지 원시사회인지도 모르죠. 하지만 여러분은 이성적인 사람이에요. 정치사상을 알고, 돈과 자원을 다양한 방식으로 분배하는 방법도 알아요.

여러분이 이와 같은 가상의 상황에 있다면 공명정대한 사회를 세우기 위해 어떤 규칙을 만들어야 할까요? 모든 사람이 같은 권리를 가져야 할까요? 아니면 특정 사람이 다른 사람보다 더 많은 권리를 가져야 할까요? 이 중 어느 한쪽을 선택한다면 그 이유는 무엇인가요? 모든 사람이 같은 액수의 급여를 받아야 할까요? 아니면 어떤 사람은 다른 사람보다 더 많은 급여를 받아야 할까요? 사람들이 돈을 소유하는 것을 허용해야 할까요, 금지해야 할까요? 사유 재산을 허용해도 될까요? 롤스는 너무 지나친 공상을 펼치고 싶지 않았어요. 공상이 지나치면 그의 실험은 공정한 사회를 위한 현실적인 길잡이가 되지 못할 것이라고 생각했어요.

그러나 모험적인 사고는 공상을 확장할 수 있게 해주지요. 이번에도 같은 병원 침대에서 깨어났다고 상상해보세요. 전과 다른 게 있다면 오직 살아 있다는 느낌만 가지고 있는 상태예요. 심지어 여러분은 자기가 인간인지 동물인지도 몰라요. 이런 상황이라면 공정한 사회를 만들기 위한 규칙으로 어떤 것들이 있을까요? 여러분은 어쩌면 암소일지도 몰라요. 그렇다면 사람들이 소고기를 먹는 것을 허용할 건가요?

즉, 롤스의 실험은 여러 사람이 모여 사회나 집단 등을 만들 때 현재 자신의 지위, 능력, 재능, 가치관 등을 모르는 무지의 상태에서 만드는 것이 가장 공정하다는 것을 보여줘요.

공정한 사회를 이야기한 철학자들

모리아티는 가장 좋은 정치 국가란 충분한 깨달음을 얻은 사람이 이끄는 나라라고 믿었어요. 모리아티에게는 코르막 맥 에어트가 바로 그런 사람이지요. 모리아티는 코르막이 아일랜드의 왕이 되기 이전부터 왕의 품성을 지니고 있다고 생각했어요. 코르막은 조화와 균형을 유지하면서 자연과 인간 문화 양쪽에 속하는 존재예요. 동물과 인간 사이에서 자란 코르막은 통치 기간 내내 자연을 가까이했어요. 자연을 사랑하는 왕 덕분에 아일랜드는 번영을 누렸지요.

토머스 홉스는 통치 국가가 없는 인간의 삶이 어떤 모습일지 상상해보려고 노력했어요. 홉스에 따르면 인간은 타고난 기질이나 본성 때문에 서로 투쟁하고 항상 성공이나 '더없는 행복'을 찾아다니는 존재예요.

욕망으로 가득 찬 인간이 끊임없이 성공만 추구한다면 결국 갈등이 일어날 거예요. 홉스는 통치 국가가 없는 상태에서 두 사람이 같은 것을 원한다면 그것을 쟁취하기 위해 서로 싸울 것이라고 생각했어요. 이렇듯 성공을 추구하는 사람들을 보호하려면 국가가 반드시 필요해요. 홉스는 사람들이 국가를 만드는 이유는 다른 이의 폭력이 두렵기 때문이라고 믿었어요. 사람은 누구나 자기 재산을 보호하고 싶어 해요. 그런데 어떤 사람은 남의 재산을 노리고 무시무시한 범죄를 저질러요. 그런 일을 막기 위해 국가가 생기는 거예요. 죽음에 대한 두려움이 국가를 만드는 강력한 동기가 되는 셈이죠.

프랑스의 철학자 장 자크 루소 Jean-Jacques Rousseau 는 정치 공동체 또는 국가를 세우는 문제에 대해서 깊이 생각하고 그것을 책으로 펴냈어요. 그는 『사회계약론』을 통해 국가가 어떻게 세워져야 하는지 설명해요. 루소는 왕이나 여왕에게 모든 사람이 따라야 하는 규칙을 만들 수 있는 천부적 권리가 있다고 믿지 않았어요. 오히려 모든 사람에게 규칙을 '선택할 권리'가 있다고 믿었지요. 루소는 안정적이고 공정한 국가를 세우는 것을 돕기 위해 '사회계약' 개념을 도입했어요. 사회계약은 최고 통치자가 국민이고, 그들이 주체적인 의지를 표현하는 것이에요.

물론 그 외에도 국민이 만든 규칙을 집행할 정부도 필요해요.

어떤 점에서 보면 코르막 맥 에어트의 이야기에는 중국의 위대한 스승이자 철학자인 공자孔子의 철학적 통찰이 가득 담겨 있어요. 공자는 『논어』를 쓴 인물로 잘 알려져 있어요. 『논어』에는 공자의 사상과 명언이 고스란히 담겨 있는데, 이 책에서 공자는 나라를 잘 운영하는 방법을 이야기해요. 공자는 덕을 갖춘 고결한 지도자가 다스리는 나라는 크게 번성한다고 생각했어요. 덕을 갖춘 지도자는 북극성과도 같아요. 북극성은 항상 자리를 지키며 빛을 내고 나머지 별들은 북극성에 존경을 표하니까요. 공자는 덕을 갖춘 사람이라면 큰 어려움 없이 정치에 참여할 수 있고, 덕을 갖추지 못한 사람은 다른 사람이 덕을 갖추도록 도울 수조차 없다고 했어요.

무엇에도 흔들리지 않는
현명한 노인

중국 변방의 어느 작은 마을에 한 노인이 살고 있었어요. 노인은 수년 동안 요새를 관리하는 일을 맡았어요. 하루는 노인이 가장 믿었던 말이 도망가버렸어요. 소식을 들은 이웃들이 노인을 찾아와 위로했지요.

"그렇게 소중한 말을 잃어버리다니 지지리도 운이 없으시네요." 동네 사람들이 말했어요.

"이게 운이 나쁜 일인지 어떻게 알겠나?" 노인이 대꾸했어요.

다음 날 아침 도망갔던 말이 멋진 야생마 네 마리와 함께 돌아왔어요.

"정말 엄청난 행운이네요!" 동네 사람들이 소리쳤어요.

"이게 행운인지 어떻게 알겠나?" 노인이 말했어요.

다음 날 노인의 아들이 야생마를 길들이려고 말에 올라탔어요. 그런

데 말이 거칠게 저항하는 바람에 바닥으로 떨어져 다리가 부러지고 말았어요.

동네 사람들이 다시 노인을 찾아왔어요. 이번에는 노인을 동정하며 말했지요. "아드님 다리가 부러졌다면서요. 이런 불행이 어디 있나요."

"불행한 일인지 어떻게 아나?" 노인이 대답했어요.

이튿날 병사를 징집하기 위해 군인들이 마을을 찾아왔어요. 노인이 있는 요새를 방문했을 때 군인들은 노인의 아들이 다리가 부러진 것을 봤어요. 그래서 아들은 징집을 면하게 되었지요. 동네 사람들은 잘된 일이라며 노인을 축하했어요. 노인은 또 이렇게 말했지요.

"이것 역시 좋은 일인지 어떻게 알겠나?"

(이 이야기는 중국 한나라 시대의 책 『회남자』에 실린 '변방의 노인'을 각색한 것이에요.)

좋고 나쁨은 마음이 판단한다

이 이야기는 겉으로 보면 변방의 요새에서 아들과 함께 살고 있는 노인에게 일어난 행운과 불운에 관한 내용이에요. 노인은 자기에게 일어난 일을 섣부르게 행운 또는 불운이라고 판단하지 않았어요. 반대로 동네 사람들은 성급하게 행운 또는 불운, 잘된 일 또는 나쁜 일이라고 규정했죠. 이 이야기는 사람들이 얼마나 빨리 성급한 판단을 내리는지 잘 보여주고 있어요.

변방의 노인을 통해 우리는 도덕철학이 무엇인지 이해할 수 있어요. 도덕철학은 인간의 행동을 선과 악으로 구분하는 잣대를 찾으려고 하는데, 이 이야기는 도덕적 판단을 할 때 서둘러서는 안 된다는 점을 암시해요. 일단 보편적으로 도덕철학에서 제시하는 물음에는 다음과 같은 것들이 있어요.

"착한 사람과 나쁜 사람은 무엇으로 구분할 수 있을까?" 예를 들어 로빈 후드는 부자들로부터 물건을 훔쳤기 때문에 나쁜 사람일까요? 아니면 훔친 물건을 가난한 사람들에게 나눠줬기 때문에 착한 사람일까요?

"인간의 행동을 옳다 또는 그르다고 판단하는 기준은 무엇일까?" 다시 로빈 후드 이야기를 해볼까요? 로빈 후드는 좋은 의도를 갖고 있었기 때문에 물건을 훔친 것이 도덕적으로 옳은 일일까요? 아니면 물건을 훔치거나 사람을 해치는 행동은 어떤 경우라도 나쁜 일일까요?

"옳고 그름을 결정하는 것은 누구일까?" 부자들의 관점에서 보면 로빈 후드는 범죄자이고 나쁜 짓을 저지르는 사람이에요. 그러나 가난한 사람들이 보기에 로빈 후드는 영웅이고 옳은 일을 하는 사람이지요.

로빈 후드가 한 행동에 대해 도덕적 성질을 규정해야 한다면 여러분은 누구의 관점을 편들겠어요? 아니면 어느 쪽의 편도 아닌가요?

"무엇이 옳고 그른지 어떻게 알 수 있을까?" 예를 들어 누군가가 다른 사람의 팔을 칼로 베는 모습을 봤다고 가정해볼게요. 이를 보고 여러분은 분명 도덕적으로 잘못된 일이라고 생각할 거예요. 그러나 만약 칼을 잡은 사람이 수술 중인 외과 의사라면 여러분의 생각은 달라질 거예요. 같은 일이라도 마음이 어떻게 인지하느냐에 따라서 나쁜 일은 좋은 일로 바뀌기도 한답니다.

혹시 여러분은 주변에서 일어나는 사건을 보고 깊이 생각하지 않고 너무 성급하게 결론을 내리지는 않나요? 옳고 그름을 판별하는 감각 때문에 세상을 너무 단순하게 보고 있지는 않나요? 사람을 선과 악으로 구분하는 것이 사회에 도움이 된다고 생각하나요? 아니면 해롭다고 생각하나요? 머리가 복잡해져도 질문을 멈추지 마세요!

옳고 그름의 구분을 이야기한 철학자들

데이비드 흄David Hume은 스코틀랜드의 뛰어난 철학자이자 역사학자이며 경제학자예요. 흄은 『인간 본성에 관한 논고』를 통해 사람이 도덕적으로 선과 악을 판단하는 힘은 논리적 사고 능력인 이성이 아니라 감성에서 나온다고 주장했어요. 누군가의 팔에 칼을 가져다 대는 예시에서 봤듯이 선악을 결정하는 것은 우리의 마음이 어떻게 인식하느냐에 달려 있어요. 그러므로 도덕이란 판단되는 것이라기보다 느껴지는 것이라고 결론내렸지요.

칸트는 흄과 다른 입장이에요. 칸트는 선악, 옳고 그름을 판단하는 도덕 감각은 감성이 아닌 이성에서 나온다고 여겼어요. 과학자가 물리 세계를 지배하는 보편적 법칙을 찾으려고 애쓰듯이 철학자는 무엇이 보편적으로 선하고 악한지 알려주는 도덕법을 찾으려고 해요. 도덕법을 따를 줄 아는 능력은 인간의 이성이 지닌 아주 기본적인 특징이에요. 칸트는 '정언명령定言命令'이라는 것을 통해 우리가 도덕법을 알게 된다고 주장했어요. 정언명령이란 무슨 일이 있어도 반드시 따라야 하는 도덕적 명령을 뜻해요. 예를 들면 '살인을 해서는 안 된다', '남의 것을 훔치면 안 된다'와 같이 반드시 지켜야 하는 도덕적 규범을 의미해요.

영국의 철학자 제러미 벤담Jeremy Bentham은 주어진 상황에서 옳고 그름을 알 수 있는 보편적 측정 방법을 발견했다고 믿었어요. 바로 '최대 다수의 최대 행복'이 그 기준이에요. 벤담은 도덕적 판단을 해야 한다면 소수보다는 다수에게 이로운 것이 항상 더 옳다고 말했어요. 또한 그는 개인이 경험한 행복도 수학적으로 계산할 수 있다고 주장했어요. 행복은 모두 동등한 가치를 지닌다고 생각했지요. 그의 말에 따르면 맛있는 식사를 하면서 얻는 행복이나 철학적 지혜를 추구해서 얻는 행복의 가치는 똑같은 것이에요. 그뿐 아니라 벤담은 모든 인간이 평등하고, 개인의 능력과 사회 계층에 상관없이 모두가 행복해질 수 있다고 믿었어요.

독일 출신의 철학자 한스 게오르크 묄러는 아일랜드 코크대학교의 철학 교수예요. 묄러는 그의 책을 통해 과연 도덕이 옳은 것이 맞는지 의문을 제기해요. 그는 도덕을 도끼 같은 도구라고 생각했어요. 도끼가 어떤 것을 반으로 쪼갤 때 사용되듯이 도덕은 사람을 선한 존재와 악한 존재라는 두 부류로 나누기 때문이에요. 이 주제를 두고 묄러 또한 고민이 많았어요. '선과 악을 구별할 수 있는 다른 방법이 있는가?', '선악을 어떻게 구별하는 것이 도덕적인 구별인가?' 등의 질문을 통해 묄러는 도덕이 단순히 좋거나 나쁜 것이 아니라, 도덕 그 자체가 사회에 바람직한 것인지 다시 생각하게 해요.

신을 저버리고 인간을 도운
무시무시한 대가

먼 옛날 고대 그리스인은 위로는 눈부신 천상의 세계와 아래로는 어두운 지하 세계에 문을 활짝 열어두고 살았어요. 자신의 존재에 대해서도 마찬가지였어요. 그들은 좋은 꿈이든 나쁜 꿈이든 그 내용을 공유하는 것도 두려워하지 않았어요. 고대 그리스인은 외부 세계와 내면 세계 할 것 없이 매우 개방적이었기 때문에 신이나 거인족과도 대화할 수 있었어요. 그런 신성한 존재와 소통하던 시기에 일어난 일을 이야기로 남겼지요.

그중 하나로 위대한 신 제우스가 불을 훔친 거인족 프로메테우스에게 어떻게 보복했는지 보여주는 신화가 있어요. 인간을 사랑한 프로메테우스는 인간에게 불을 선물로 주고 싶었어요. 그러나 제우스는 인간

이 불을 사용할 줄 알면 신보다 더 강력해질까봐 두려웠어요. 그는 인간에게 불을 주는 것을 허락하지 않았어요. 하지만 프로메테우스는 제우스의 말을 거역하고 불을 훔쳐 인간에게 줬어요.

제우스는 괘씸한 프로메테우스에게 보복하기 위해 대장장이 신 헤파이스토스에게 흙으로 아름다운 여인을 만들라고 주문했어요. 여인의 이름은 '판도라'라고 지었지요. 판도라는 빼어난 손재주와 설득력 있는 말솜씨 등의 재능이 많았어요.

제우스는 자신의 계획을 실행에 옮기기 위해 판도라를 프로메테우스의 동생 에피메테우스에게 보냈어요. 프로메테우스는 에피메테우스에게 신이 보낸 선물을 절대 받지 말라고 늘 당부했었어요. 그러나 판도라를 처음 본 순간 에피메테우스는 형의 경고를 완전히 잊어버리고 말았어요. 판도라에게 푹 빠진 에피메테우스는 곧장 그녀와 결혼했어요.

사실 판도라에게는 비밀이 하나 있었어요. 에피메테우스에게 말하지 않았지만 제우스에게 선물로 받은 비밀 상자를 하나 가지고 있었거든요. 판도라도 그 안에 무엇이 들어 있는지 몰랐어요. 하지만 위험한 것일 수도 있다고 짐작하고 있었죠. 상자 안에 무엇이 들어 있을지 매일매일 궁금해하던 판도라는 끝내 호기심을 이기지 못했어요. 상자를 열면 무슨 일이 벌어질지 알 수 없지만 어쨌든 상자를 열어보기로 결정했어요.

그녀가 상자를 열자마자 엄청난 고통과 질병이 쏟아져 나와 인간 세상을 완전히 휩쓸어버렸어요. 제우스의 전략은 완벽히 들어맞았지요. 온갖 끔찍한 것들이 나왔지만 상자 안에 한 가지 남아 있는 것이 있었어요. 언젠가 바깥세상으로 나갈 날을 기다리는 '희망' 말이에요.

(이 이야기는 헤더 에이머리 Heather Amery가 쓴 『어린이를 위한 그리스 신화』의 내용을 바탕으로 한 것이에요.)

오늘날 현대인이 쥔 판도라의 상자

신화에서 제우스는 판도라에게 준 비밀 상자를 통해 불을 훔친 프로메테우스 그리고 인간에게 보복하려고 했어요. 이를 현대 기술과 관련지어 이야기해볼게요. 인간은 훔친 불을 이용해 현대 기술을 만들고 있는 것은 아닐까요? 만약 그렇다면 인간은 제어하는 법을 충분히 알지 못하는 위험한 것을 소유하고 있는 걸까요? 판도라처럼 우리도 비밀스럽고 무시무시한 상자를 손에 쥐고 있는 게 아닐까요? 만일 오늘날 우리에게 그런 상자가 있다면 그 안에는 분명 '인공지능'이 들어 있을 거예요.

요즘 사람들은 인공지능이 가져올 무시무시한 결과를 제대로 모르는 것 같아요. 인공지능을 부분적으로만 이해하고 있기 때문에 이를 완전히 제어할 수 있다고 기대할 수 없어요.

인공지능이란 무엇일까요? 자연적으로 생성된 것이 아니라 인간이나 기계가 의도적으로 만든 것을 가리킬 때 우리는 인공이라는 말을 사용해요. 그런 의미에서 컴퓨터나 전화기는 인공물이고, 강이나 산은 자연물이에요.

지능은 인공보다 설명하기 더 어려운 개념이에요. 넓은 의미로 보면 지능이란 학습하고, 이해하고, 공감하고, 상상하고, 행동할 수 있는 능력을 말해요. 어떻게 보면 지능은 '자기 인식(인간, 물체, 환경 등 주변 요소로부터 자신의 존재를 구별하고 이해하는 능력을 말해요)'과 연관되어 있어요.

그러나 자기 인식을 갖고 있지 않은 매우 지적인 기술 장치도 상상할 수 있답니다. 지적인 기술 장치가 무엇인지 알고 싶다면 스마트폰을 사용해보거나 아마존의 알렉사 같은 음성인식 가상 비서(개인 비서처럼 사용자의 음성 명령에 따라 원하는 정보를 수집해서 제공하거나 작업을 처리하는 인공지능 장치를 말해요-옮긴이)에게 명령을 내려보면 돼요. 이런 장치는 자기 인식이 필요 없는 매우 지적인 기술의 집합체라고 할 수 있어요. 여러분도 화장실 청소나 다리미질 같은 하기 귀찮은 일을 대신할 인공지능 가상 비서를 집에 두고 싶지 않나요?

아마도 가까운 미래에 곧 인공지능이 인간의 지능을 뛰어넘을 거예요. 인공지능이 인간의 지능을 넘어서게 되면 아마 '지능 폭발'이 일어날 거예요. 인공지능이 더는 인간의 도움 없이 인간보다 더 똑똑하게 행동할 거라는 말이에요. 어쩌면 조만간 우리가 상상할 수 없는 형태의 인공지능이 탄생할지도 몰라요. 기술의 혁신을 통해 인공지능이 더 똑똑해질수록 지능 폭발의 시기는 더 앞당겨질 거예요.

우리는 지능 폭발이라는 시한폭탄을 멈출 수 있을까요? 만약 지능 폭발을 멈추게 할 수 있다면 그것은 우리가 기술 개발을 중단해야 한다는 의미일까요? 정말 어려운 문제예요.

인공지능을 이야기한 철학자들

1965년 영국 수학자 어빙 존 굿 Irving. J. Good이 지능 폭발의 가능성을 처음으로 제기했어요. 그는 인간보다 훨씬 지능이 높은 초인공지능 기계의 탄생이 지능 폭발을 불러올 거라고 예상했어요. 초인공지능 기계는 아마 인간이 만들어낼 마지막 발명품이 될 거예요. 그런데 초인공지능 기계가 자기보다 덜 지적인 존재의 통제를 거부한다면 과연 어떤 일이 생길까요?

미국의 수학자이자 컴퓨터 과학자이고 공상과학 작가인 버너 빈지 Vernor Vinge는 앞으로 인간의 지능을 넘어설 기계지능이 탄생할 것이라고 말하며, 이 시기를 '특이점'이라는 단어로 표현했어요. 그는 특이점을 다룬 책에서 초인공지능 기계가 가져올 걱정스러운 미래에 대해 언급했어요. 초인공지능이 기술을 제어하려는 인간의 바람을 저버리고 폭주 상태가 될 때 특이점이 일어날 거예요. 빈지의 전망에 따르면 초인공지능은 눈 깜박할 사이에 인간의 모든 규칙을 뒤집어 놓을 거라고 해요. 빈지는 특이점에 이르는 길이 여러 개 있는데, 아마 인간과 컴퓨터의 관계가 발전하면서 특이점이 일어날 거라고 전망했어요. 또한 컴퓨터의 도움으로 인간의 지능도 크게 향상될 수 있다고 해요. 그런 지능 향상을 가리켜 빈지는 '지능 증폭'이라고 표현했어요. 컴퓨터 덕분에 인간의 지능이 크게 높아진다면 미래의 인류에게 어떤 일이 생길까요? 컴퓨터의 도움으로 원하는 것을 모두 얻을 수 있다면 여러분이 바라는 것은 무엇인가요? 영원한 삶을 원하나요? 아니면 세상의 모든 것을 알고 싶나요?

미국의 인공지능 연구자 엘리저 유드코프스키 Eliezer Yudkowsky는 인간 친화적인 인공지능을 상상했어요. 그뿐만 아니라 인간의 도움 없이 스스로 코딩할 수 있는 '시드 인공지능 seed AI'이란 용어를 만들고 관련된 책도 썼어요. 시드 인공지능의 최종 목적은 인류가 공통으로 품고 있는 세계 평화와 같은 집단적 바람을 실행하는 것이에요. 이렇게 멋진 희망 사항이 현실에서 과연 이루어질 수 있을까요?

닉 보스트롬은 지능 폭발이 현실이 될 수 있다고 믿었어요. 그는 인간이 인공지능을 개발하는 방식을 마치 어린아이가 폭탄을 가지고 노는 모습에 비유했어요. 인류가 매우 강력한 기계를 만들어내면서 그에 대해 제대로 알거나 이해하지 못한다는 뜻이에요. 보스트롬은 인류가 아직 초인공지능을 다룰 준비가 되어 있지 않고, 준비되기까지도 아주 오랜 시간이 필요하다고 전망했어요. 우리가 갖고 노는 이 폭탄이 언제 터질지 정확히 알 수 없지만, 만약 최대한 집중한다면 타이머가 째깍거리는 소리를 들을 수 있다고 말했어요.

앞으로 40~50년 후에 지능 폭발이 일어날 것이라는 전망은 충분히 가능성이 있어요. 그렇다면 우리는 인공지능이 인간보다 더 똑똑해지는 시대를 어떻게 대비해야 할까요? 지능 폭발이 우리에게 좋은 영향을 미칠까요, 아니면 나쁜 영향을 미칠까요? 두고두고 생각해봐야 할 문제예요.

세상의 모든 지식을
얻을 수 있는 요리 한 접시

아일랜드의 핀은 어렸을 적에 피네가스라는 이름의 현명한 노인에게 보내졌어요. 보인강 강변에 살던 피네가스는 넓고 깊은 지식으로 세상에 이름이 나 있었죠. 그는 여러 가지 자연의 비밀을 알고 있었고 바람, 숲, 산, 별 등의 언어를 이해하고 말할 수 있었어요.

핀이 피네가스에게 가게 된 것도 그런 깊은 지식 때문이었어요. 그러나 피네가스의 제자가 된다는 건 쉽지 않은 일이었어요. 매일 아침 피네가스에게선 번개에 맞아서 타버린 참나무 같은 냄새가 났고, 저녁이면 부글거리는 천둥 냄새를 풍겼어요. 핀은 스승의 냄새에 짓눌려서 생각을 제대로 할 수조차 없을 정도였어요.

게다가 피네가스와 한가로이 대화를 나눌 일도 없었어요. 모든 대화의 주제는 무거웠어요. 날씨나 보인강의 흐름, 심지어는 강에서 본 왜가리 이야기를 할 때도 대화는 늘 무겁고 진지했어요. 이를테면 불, 물, 강, 연어와 같은 간단하고 일상적인 단어도 피네가스의 입에서 나오면 마치 처음 듣는 언어처럼 신비하게 들렸어요. 그래서인지 핀은 자기가 마치 노인이 된 것처럼 느껴졌어요. 그렇게 아주 늙어버린 듯한 느낌 때문에 가끔 그의 젊은 머리는 깨질 듯이 아팠어요.

그래도 핀은 스승의 현명한 말과 경이로운 이야기를 듣는 것이 무척 좋았어요. 피네가스가 들려주는 이야기를 듣고 있으면 보인강에 물이 넘실거리는 소리와 콘늘라의 우물로 개암 열매가 떨어지는 소리가 들리는 것 같았어요.

피네가스의 가르침에 대한 보답으로 핀은 허드렛일을 했어요. 집을 청소하고 땔감을 마련하고 요리를 했지요. 하지만 낚시만큼은 할 수 없었어요. 낚시는 오직 피네가스만 할 수 있는 일이었거든요.

시간이 흐를수록 핀의 호기심은 점점 커졌어요. 스승이 많은 것을 가르쳐줄수록 핀은 더 많은 것을 알고 싶었어요. 마음속에서 끊임없이 질문이 생겼고 답을 찾고 싶었어요.

다만 피네가스가 아무리 깊은 지식을 가지고 있다고 해도 핀의 모든 질문에 답해줄 수는 없었어요. "지식이란 무엇입니까?", "왜 세상에 고통이 존재하는 것입니까?", "왜 아무것도 없는 것이 아니라 무엇인가 있는 것입니까?" 등의 질문은 피네가스도 대답할 수 없었지요.

어느 날 핀이 물었어요. "모든 것을 알 수 있는 방법은 없습니까?" 이 것은 피네가스도 어린 제자의 나이였을 때 가졌던 질문이었어요. 사실 그는 이 질문의 답을 찾으려 하다가 지금 살고 있는 보인강까지 오게 되었지요.

오래전 드루이드교 성직자들은 아주 드문 일이지만 '지식의 연어'가 콘늘라의 우물에 살게 될 것이라고 예언했어요. 지식의 연어는 세상의 모든 지식을 알고 있는 존재예요. 콘늘라의 우물 위로는 아홉 그루의 개암나무가 드리워져 있는데, 봄이면 나무에 열매가 맺히기 시작해요. 열매 안에는 위대한 지식이 들어 있어요. 지식이 차서 무거워지면 열 매는 우물 안으로 떨어진답니다. 가끔 우물 바닥에 은빛 연어가 들어 오곤 하는데, 연어는 떨어진 지 얼마 안 된 개암의 냄새를 맡고 본능적 으로 가까이 다가가서 열매를 먹고 지식을 얻어요. 그러면 연어의 배 에 밝은 붉은색 반점이 나타나요. 이것이 바로 지식의 연어가 됐다는 표시예요.

현명한 드루이드교 성직자들이 말하길, 지식의 연어를 잡아먹으면 세상의 모든 지식을 얻을 수 있다고 해요. 그런 이유로 피네가스는 지 식의 연어를 잡으려고 안간힘을 쓰면서 보인강 강가에서 노년을 보내 고 있었던 거죠.

비가 내리고 습한 어느 날 아침, 드디어 지식의 연어가 잡혔어요. 피네가스는 너무 기뻐 춤을 추면서 핀에게 곧바로 불을 피우고 요리를 하라고 말했어요. 피네가스는 핀에게 아주 조금이라도 먹으면 안 된다고 경고한 후에 땔감을 더 구하려고 밖으로 나갔어요.

집으로 돌아온 피네가스는 식탁 위에 놓여 있는 연어 요리 접시를 마주했어요. 그토록 바라던 연어 요리를 먹으려고 식탁에 막 앉으려는 순간, 피네가스는 핀을 보고 멈칫했어요. 핀의 눈에서 여태 보지 못했던 빛이 나오는 것 같았거든요.

"연어를 조금이라도 먹지 않았느냐?" 피네가스가 신경질적으로 물었어요.

"비늘 하나도 건드리지 않았습니다!" 핀이 정직하게 대답했어요.

그래도 안심이 되지 않은 피네가스가 다시 물었어요. "어떤 식으로든 맛을 보지 않았냐는 말이다."

"요리하다가 엄지를 데어서 통증을 가라앉히려고 손가락을 입에 넣긴 했습니다만……." 핀이 대답한 그 순간 피네가스의 기쁨은 모두 사라졌어요. 그는 조용히 말했죠. "네가 세상의 모든 지식을 얻었구나."

피네가스는 욕심을 버리고 핀에게 나머지 요리도 모두 먹으라고 내줬어요. 요리를 다 먹었지만 핀은 별다른 차이를 느끼지 못했어요. 당연하다는 듯 피네가스가 말했어요. "엄지를 입안에 넣어 보거라. 그러

면 지식이 너의 머리를 가득 채울 것이다."

핀은 스승이 시키는 대로 했어요. 그러자 세상의 지식이 머릿속으로 흘러들어왔어요.

피네가스가 말했어요. "더는 내가 가르칠 게 없구나. 이제 세상으로 나가 네가 얻은 지식에 걸맞은 사람이 되거라. 넌 분명 위대한 사람으로 성장할 수 있을 거다."

그렇게 핀은 피네가스와 작별하고 보인강을 떠나서 지혜로운 사람으로 성장했어요. 그리고 얼마 지나지 않아 아일랜드 피어너Fianna(아일랜드 신화에 나오는 기사단이에요) 기사단 역사상 가장 위대한 지도자가 되었어요.

(이 이야기는 레이디 그레고리Lady Gregory가 쓴 『신과 전사들』의 내용을 바탕으로 한 것이에요.)

채움으로써 얻는가, 혹은 비움으로써 얻는가

이 이야기는 핀이 어떻게 위대한 지식을 얻었는지 말해주고 있어요. 그러나 다음과 같은 질문에 대한 답은 주지 않아요. "지식이란 무엇인가?", "지식과 지혜는 같은 것인가?", "세상의 모든 지식을 갖는다면 현명한 사람이 될까?", "지식은 짐일까, 아니면 근심 걱정 없이 인생을 더 즐겁게 살 수 있게 도와주는 것일까?".

마지막 질문은 로이스 로리Lois Lowry의 소설 『기억 전달자』의 주인공인 열두 살 조너스와 연관 지어 생각해볼 수 있어요. 조너스는 고통을 없애기 위해 모든 사람과 사물을 항상 같은 상태로 만드는 미래 사회에서 살고 있어요. 조너스의 역할은 기억을 보유하는 것이에요. 기억을 보유한다는 것은 과거부터 이어진 모든 삶을 전부 다 안다는 의미예요. 이전 기억 보유자로부터 과거의 기억을 전달받자마자 조너스는 새로운 관념과 감정에 대처하기 위해 굉장히 노력해야 했어요. 기억과 지식을 얻고 그에 따른 책임을 진다는 건 어린 조너스가 감당하기에 너무어렵고 무거운 짐이었죠.

그러나 아무리 지식이 무거운 짐이 된다 해도, 자기 자신과 주변 세상에 대해 질문하고 또 알려고 노력하는 것은 중요하지 않을까요? 지식을 탐구하지 않는다면 우리는 몽유병 환자처럼 살면서 나 자신과 주변에 존재하는 경이로움을 알아보지 못할 거예요.

지식 추구와 관련해 피네가스와 전혀 다른 견해를 가진 인물도 있어요. 바로 노자老子예요. 노자는 가상의 인물로 도교를 창시하는 데 기여한 현자라고 전해져요. 도교는 중국에서 시작된 위대한 전통 철학이자종교 운동으로 자연과 조화를 이루는 삶의 중요성을 강조해요. 노자는 현재 삶에서 진정한 깨달음을 얻는 방법은 오직 지식을 얻으려고 하지 않는 데 있다고 말했어요. 노자는 도교에 관한 매우 중요한 책인 『도덕경』을 썼는데, 이 책에 따르면 진정한 지식은 자신의 욕망과 생각, 말과 행동을 모두 비워내는 과정에서 나온다고 해요. 노자는 여러 면에서 피네가스와 정반대였죠. 지식으로 자신을 채우고 싶던 피네가스와 달리 노자는 지식을 얻고자 하는 욕구를 버리고 전혀 가공되지 않은 자연의 나무처럼 살려고 했어요. 다시 말해, 세속적인 욕망에 흔들리지 않고 자연의 상태로 되돌아가려고 애썼어요.

미국 작가 벤저민 호프 Benjamin Hoff 는 『곰돌이 푸, 인생의 맛』에서 지식에 대한 노자의 도교적 접근을 더 분명히 이해시키려고 노력해요. 이런 대목을 보면 알 수 있지요.

"토끼는 똑똑해." 푸가 골똘히 생각하다 말했어요.

"그래. 토끼는 똑똑해." 피글렛이 말했어요.

"게다가 뇌를 가지고 있어." 푸가 대답했어요.

"그래. 토끼는 뇌를 가지고 있어." 피글렛이 말했어요. 그리고 긴 침묵이 흘렀지요.

"내 생각에는 말이야……." 푸가 입을 열었어요. "그래서 토끼가 아무것도 이해하지 못하는 걸 거야."

푸는 토끼가 놀라운 정신 활동을 할 수 있는 뇌가 있기 때문에 똑똑하다고 말하고 있어요. 하지만 그와 동시에 뇌의 활동과 똑똑함이 오히려 진정한 이해를 방해할 수 있음을 지적해요. 똑똑함이 사물의 진정한 본질을 볼 수 있는 능력을 방해하기 때문이에요.

지식을 이야기한 철학자들

고대 그리스 철학자 헤라클레이토스Heraclitus는 대부분의 사람이 일상 생활에서 경험하는 것을 제대로 알거나 이해하지 못한다고 지적하면서 이렇게 말했어요. "이해하지 않고 듣기만 한다면 듣지 못하는 것과 같고, 여기에 있으나 여기에 있지 않은 것이나 다름없다." 말은 듣고 있지만 귀 기울이지 않고, 일하고 있지만 마음은 쓰지 않는다는 거예요. 이것은 자신만의 생각과 몽상 그리고 세상일에 대한 걱정으로 정신이 분산되어 있기 때문에 바로 앞에서 다른 사람이 하는 말이나 눈앞에서 벌어지는 일에 집중하지 못한다는 뜻이에요. 우리는 귀와 눈을 가지고 있지만 이것만으로 지식을 얻을 수 있는 것은 아니라고 헤라클레이토스는 말하고 있어요. 지식을 얻으려면 다양한 사고가 필요해요.

영국의 철학자이자 과학자인 프랜시스 베이컨Francis Bacon은 지식이란 감각을 통한 경험에서 나오는 것이라고 말했어요. 그가 태어난 1561년은 많은 사람이 지식을 찾기 위해 종교나 철학이 아닌 과학에 시선을 돌리고 있던 때였어요. 베이컨 역시 의심의 중요성을 강조했고, 항상 질문하고 실험하는 것이 과학 지식을 얻는 가장 좋은 방법이라고 말했어요. 베이컨의 위대한 업적 중 하나는 과학적 지식을 얻는 것을 방해하는 인간의 마음 상태를 정의한 거예요. 베이컨은 그런 마음 상태를 '우상'이라 불렀고, 네 가지 우상을 제시했어요. 그중 영향력이 가장 큰 것이 '동굴의 우상'이에요. 사람들은 저마다 교육이나 다른 고유한 영향에 의해 만들어진 동굴을 가지고 있어요. 동굴이라는 거짓된 생각에 맞춰 살다 보면 왜곡된 시선으로 세상을 보고 편협한 생각을 하게 돼요. 사람들은 대체로 편견과 선입견에 사로잡혀 세상을 살아가요. 우리가 진정한 지식을 얻기 위해서는 반드시 편견을 넘어야 해요.

데이비드 흄은 우리가 날 때부터 지식을 가지고 태어나거나 이성을 통해 지식을 발견하는 것이 아니라고 주장했어요. 그의 주장에 따르면 우리가 이성이라 부르는 것도 모두 습관이나 관습에서 생기는 거예요. 흄은 습관이나 관습이 진정한 지식의 원천이라고 생각했어요.

아침에 해가 뜨는 것처럼 어떤 일을 반복적으로 경험하면 우리는 그 일이 항상 일어날 거라고 예상하게 되지요. 다시 말해, 매일 아침 해가 뜨는 것을 보는 습관을 바탕으로 우리는 아침에 해가 뜨는 것을 알게 되는 거예요.

지식이 무엇인지 이해하려면 니체를 빼놓을 수 없어요. 니체는 똑같은 것을 보더라도 다양한 시각에서 보는 것이 중요하다고 생각했어요. 예를 들어 도덕을 생각해봐요. 우리가 도덕이라는 하나의 주제에 주의를 집중하고 되도록 다양한 관점에서 볼 수 있다면 도덕을 더 잘 이해할 수 있을 거예요. 이것이 바로 '관점주의'예요. 간단히 말해 사람이나 사물을 보는 시각이 다양할수록 그 대상에 대해 더 폭넓은 지식을 얻을 수 있다는 뜻이에요.

내가 먹은 동물들이
저승에서 나를 심판하는 날

친애하는 퓨엄 홈에게

여기 런던의 고상한 사람들은 온갖 종류의 동물에 대해 대단한 동정심을 가진 척 행동한다네. 말하는 것을 들어보면 모르는 사람은 아마도 그들이 모기 한 마리도 죽이지 않을 것이라 생각할 걸세.

하지만 살아 있는 생명에 대한 동정심을 내보이면서 여섯 종류의 동물 고기가 들어간 음식을 먹는 사람을 직접 본 적이 있다네. 얼마나 이상하고 모순적인 행동인지 모르겠네. 사자는 자기가 잡은 동물에게 겁을 주려고 으르렁거리는 소리를 내고, 호랑이도 마찬가지지. 인간과 고양이를 제외하면 어떤 동물도 먹잇감에게 애정을 보이지 않는다네.

인간은 순수하고 소박한 삶을 살 운명을 타고났지만 운명을 거슬렀고, 동물과 자연을 공정하게 다스리도록 태어났지만 독재자가 되어버렸지. 문득 아주 오래된 힌두교 경전 『젠드아베스타』에 실린 카불의 이야기가 생각나는군.

카불은 풀이 무성한 인도 마히강 강변에서 태어났다네. 그는 어마어마한 부자였어. 매일 식탁에는 100가지의 동물 요리가 올라왔지. 음식에 대한 욕심 때문에 카불은 노인이 될 때까지 살지 못하고 일찍 죽었다네. 죽자마자 카불의 영혼은 몸에서 분리되어 사후 세계로 들어갔고, 그의 식탐으로 희생된 동물들의 영혼 앞에서 열리는 재판에 참석하게 되었지. 동물들은 그를 심판하는 재판관이 되어 앉아 있었던 거야.

카불은 재판관들 앞에서 벌벌 떨었어. 동물들이 살아 있었을 때 눈곱만큼의 동정도 베풀지 않았거든. 이제 카불은 자기가 죽인 동물들에게 동정을 구하는 입장이 되었지. 그러나 동물들은 좀처럼 마음이 풀리지 않았다네.

"저자는 배가 고파서가 아니라 음식에 대한 욕심 때문에 내게 고통을 줬습니다. 그런데 그것을 기억도 하지 못하고 있습니다." 화가 난 멧돼지가 소리쳤어. "나를 사냥해 놓고 자기 식탁에 어울리지 않는 고기라고 무시했습니다. 저자를 욕심 많은 돼지로 변하게 해야 합니다.

그것이야말로 저자가 살아 있을 때 모습과 가장 비슷하니까요."

어린 송아지도 소리쳤지. "여러 재판관님 사이에서 제 목소리가 조금이라도 힘을 발휘할 수 있다면, 저는 저 사람이 저처럼 어린 송아지로 태어났으면 좋겠다는 말을 하고 싶습니다. 어린 송아지 고기를 먹으려고 태어난 지 얼마 안 된 저를 죽인 사람입니다."

이번엔 암탉이 일어나서 부드럽게 말했다네. "저 사람을 닭으로 태어나게 해서 앞으로 여러 해 동안 좁은 우리에 갇혀 지내게 하는 게 더 현명한 생각인 것 같습니다."

대다수의 재판관은 암탉이 제안한 처벌에 매우 만족했어. 그때 황소가 일어나 이렇게 말했지. "내가 알기로 카불은 임신한 아내를 두고 왔습니다. 욕심 많은 이 인간은 우리에게 어떤 동정도 보이지 않았지만, 우리는 동정을 베풀어 동물이 인간보다 더 뛰어나다는 것을 보여주는 게 어떻겠습니까? 카불을 아기로 다시 태어나게 해서 우리에게 저질렀던 잘못을 바로잡을 기회를 주자는 뜻입니다."

어떤 동물들은 황소의 말에 강하게 반대했지만 대부분은 그들이 받고 싶었던 동정을 카불에게 베풀자는 의견이 마음에 들었어. 그래서 카불을 지상으로 보내 아직 태어나지 않은 그의 아이로 다시 세상의 빛을 볼 수 있게 하자고 결정했다네.

카불은 동물들의 판결에 어쩔 줄 몰라 했어. 그는 이름을 아는 모든

176

동물과 신의 이름을 걸고 앞으로 자신이 저지른 잘못을 바로잡으면서 새 인생을 살겠다고 맹세했지.

어떤가. 자네는 카불의 이야기에서 유럽인도 교훈을 얻을 수 있다고 생각하는가?

(이 이야기는 올리버 골드스미스Oliver Goldsmith가 쓴 『세계의 시민』의 내용을 바탕으로 한 것이에요.)

인간이 다른 생명체를 먹는 일에 대하여

미국 최대의 동물보호기관인 '인간다운 사회'에 따르면 2015년 한 해 동안 미국에서만 92억 마리의 육지 동물이 식용으로 목숨을 잃었어요. 그중 가장 많은 수를 차지하는 것은 닭이고, 그 밖에 소, 양, 염소, 돼지, 칠면조, 오리 등이 있어요. 그해 미국에서 도축된 동물의 수가 지구상의 전체 인구수보다 많았다는 의미예요. 2015년 미국 인구는 3억 2000만 명이었어요. 남녀노소 구분 없이 모든 미국인이 고기를 먹는다고 가정하면 한 사람이 1년 동안 약 29마리의 동물을 먹었다는 계산이 나와요.

인간이 동물을 다루는 문제와 관련해서 많은 작가와 철학자가 성경을 주목했어요. 그들은 성경 때문에 우리가 음식을 잘못 생각하게 되었다고 주저 없이 지적해요.

성경의 시작 부분에서 신은 "인간이 바다의 물고기, 하늘의 새, 땅 위의 모든 것과 기어 다니는 모든 것을 다스리게 하노라"라고 말해요. 신이 인간에게 살아 있는 모든 것을 지배하고 관장하는 존재가 되라고 하는 것처럼 보이는 구절이지요? 하지만 많은 철학자가 이 같은 해석을 그대로 받아들이지 않아요. 그런 해석이 결과적으로 환경에 끔찍한 영향을 미쳤다고 생각하기 때문이에요. 물론 지구상의 모든 생물을 보살피고 돌보는 것이 인간의 의무라는 뜻으로 해석할 수도 있지만 말이에요.

또한 창세기에서 신은 "내가 너희에게 대지를 뒤덮을 씨 맺는 채소와 씨 가진 열매를 맺는 나무를 주니 이것은 너희에게 먹을거리가 되리라"라고 말해요. 이는 채소와 과일이 인간의 먹을거리가 된다는 말이지, 동물을 먹으라는 말이 아니에요. 나아가 동물을 음식으로 먹지 않는 채식 생활을 창세기에서 지지하고 있음을 암시해요.

이밖에도 성경에서는 모든 것을 먹는 사람은 그러지 않는 사람을 얕보지 말고, 고기를 먹지 않는 사람은 먹는 사람을 심판하지 말아야 한다고 말하고 있어요. 바꿔 말해 성경은 육식을 두고 중간자적 입장을 취하고 있어요.

여러분은 인간이 동물을 죽이고 음식으로 먹는 것이 옳다고 생각하나요? 아니면 잘못이라 생각하나요? 동물을 먹는 것이 옳다고 생각한다면 그 이유는 무엇인가요? 반대로 잘못된 일이라고 생각한다면 그 이유는 무엇인가요?

육식을 이야기한 철학자들

유명한 그리스의 철학자이자 수학자 피타고라스Pythagoras는 육식을 반대했어요. 그는 다른 생명체를 죽인다면 결코 진정한 건강이나 평화, 기쁨, 사랑에 대해 알지 못한다고 믿었어요. 피타고라스에게 고기가 들어간 식사는 영혼을 짓누르는 것이고 불필요한 사치였어요.

최초의 힌두교 법률가 마누Manu가 썼다고 전해지는 힌두교 서적 『마누 법전』에 따르면 동물을 죽이거나, 동물을 죽이는 것을 허락하거나, 고기를 사고팔거나, 고기를 자르거나, 고기 요리를 하거나, 고기 요리를 접대하거나, 고기 요리를 먹는 사람은 모두 동물을 죽인 사람이나 다름없어요. 육식은 살아 있는 동물에게 해를 입히고, 고기를 섭취한 인간은 하늘의 축복을 경험할 수 없어요. 『마누 법전』은 다른 생물에게

해나 고통을 입히지 않는 사람만이 무한한 행복을 경험할 수 있다고
말해요.

제러미 벤담은 인간뿐만 아니라 동물에게도 타고난 권리가 있다고 믿
었어요. 왜 벤담은 동물에게까지 권리를 확대하고 싶어 했을까요? 그
에게 "동물이 생각할 수 있을까?", "동물도 말할 수 있을까?"라는 물음
은 "동물이 고통을 느낄 수 있을까?"라는 질문과 비교하면 그다지 중
요하지 않았어요. 벤담은 동물도 고통을 느낄 수 있다고 확신했어요.
이토록 섬세한 존재를 법적으로 보호하지 않는 상황을 이해할 수 없었
지요. 벤담은 인간이 법을 확대해 숨 쉬는 모든 생명체를 보호하게 되
는 날을 상상했어요.

호주의 도덕 철학자 피터 싱어Peter Singer는 동물의 권리를 열성적으로
옹호했어요. 육식하는 사람에게 동물이 사람 입으로 들어가기 전에 느
낄 고통에 대해 생각해보라고 강력히 요구했어요. 싱어는 많은 사람,
특히 도시나 도시 근교에 사는 사람이 식사 시간에 어떻게 고기를 먹는
지 관찰했어요. 육식은 인간이 동물을 접하는 가장 직접적인 방식이라
고 할 수 있어요. 많은 사람이 육식을 한다는 단순한 사실로부터 우리

는 동물에 대한 인간의 태도를 알 수 있어요. 싱어에 따르면 정육점과 마트와 식탁은 다른 동물에게 가해지는 학대를 직접 목격할 수 있는 곳이에요. 그는 육식을 '다른 종에 대한 역사상 가장 광범위한 착취'라고 말했어요. 이런 동물 학대에 대한 대응으로 싱어는 채식주의자가 되어 고기 섭취를 중단했어요. 육류 대신에 채소나 과일을 먹고, 가능하다면 엄격한 채식주의자가 되어 우유와 치즈를 두유와 두부로 바꿔 먹어야 한다고 주장했지요.

당신이 가장 듣고 싶은 음악은 무엇입니까

아일랜드의 핀이 이끄는 무리는 모두 기사이자 시인이었어요. 어느 저녁, 그들은 새넌강 강변에 함께 모여 앉았어요. 전날 치른 대규모 전투에서 승리를 거둔 후 지친 몸을 쉬고 있었지요. 누구도 전날 승리한 전투에 대해 이야기하지 않았어요. 시인 기사는 과거의 영광을 회상하며 시간을 보내지 않았어요. 그들은 전투 말고도 다른 주제의 대화를 얼마든지 나눌 수 있으니까요.

핀은 기사들의 전투 능력뿐만 아니라 이야기 능력도 시험하고 싶었어요. 그래서 이렇게 물었어요. "그대들은 세상에서 어떤 음악을 가장 듣고 싶소?"

"차갑고 상쾌한 겨울 아침, 큰 사슴들이 서로 뿔을 부딪치며 내는 음악을 듣고 싶습니다." 오스카가 대답했어요.

"폭우가 내린 후에 높은 산에서 떨어지는 폭포 소리를 듣고 싶습니다." 킬터가 대답했어요.

"저는 매가 자기 땅을 지키려고 내는 높고 날카로운 울음소리를 듣고 싶습니다." 두브너가 말했어요.

"숨을 곳이 전혀 없는 허허벌판에 내리치는 천둥소리를 듣고 싶습니다." 밀이 대답했어요.

"저는 폭풍우가 치는 날, 산처럼 거대한 파도가 해안 절벽에 부딪히며 내는 천둥 같은 소리를 듣고 싶습니다." 오신이 대답했지요.

"초여름 밀밭에 산들바람이 불고 밀 줄기가 서로 부딪히며 내는 부드러운 음악이 듣고 싶습니다." 모르너가 말했어요.

그리고 오스카가 핀에게 물었어요. "당신이 가장 듣고 싶은 음악은 무엇입니까?"

"난 세상이 돌아가는 소리를 듣고 싶소." 핀이 대답했어요.

(이 이야기는 존 모리아티가 쓴 『아일랜드를 떠올리며』의 내용을 바탕으로 했어요.)

세상의 모든 것이 음악이다

이야기 속에서 핀과 전사들은 자신이 가장 좋아하는 음악에 대해 말했어요. 핀이 세상에서 가장 좋아하는 음악은 세상이 돌아가는 소리라고 말했는데 그 의미는 무엇일까요? 그가 듣는 모든 소리 하나하나가 기쁨의 원천이 된다는 뜻일까요? 파도, 폭포, 바람처럼 자연의 소리를 떠올려보면 그럴 수도 있겠다는 생각이 들어요. 하지만 사자가 으르렁거리는 소리나 맹수에게 붙잡힌 약한 동물이 막 잡아먹히는 순간에 내는 소리는 어떤가요? 이렇듯 세상 속의 끔찍한 소리도 있는데, 왜 핀은 가장 좋아하는 음악이 세상이 돌아가는 소리라고 말했을까요?

가장 좋아하는 음악을 말하라고 했을 때 핀을 제외한 다른 전사는 모두 자연이 만들어내는 소리에 주목했어요. 요즘 같으면 조금 이상하게 여겨질지도 몰라요. 대개 음악이라고 하면 흔히 악기나 소리를 내는 기계, 음악가, 작곡가, 가수 등이 만드는 소리를 연상하지요. 게다가 음악은 리듬, 음조, 음높이, 화음 그리고 여러 다른 요소들과도 관련 있어요.

그러면 자연의 음악이 음악가의 작품보다 훌륭할까요? 아니면 그에 못 미칠까요? 베토벤의 9번 교향곡이 분명 개가 짖는 소리보다 훌륭하다고 말할 수 있을까요? 반면에 천둥소리는 누군가가 숟가락이나 트라

이앵글로 연주하는 소리보다 더 강력하고 더 훌륭하다고 말할 수 있을까요? 미국 철학자 헨리 데이비드 소로 Henry David Thoreau 는 소리에 대한 개인의 취향에 따라 이 질문의 답이 달라진다고 말했어요. 그리고 건강한 귀에는 개가 짖는 소리처럼 매우 평범하고 흔한 소리도 매우 맑은 음악처럼 들린다고 해요.

인간이 만든 음악과 자연이 빚어내는 소리 외에 침묵의 음악도 있어요. 미국 작곡가 존 케이지 John Cage 는 "우리가 하는 모든 것이 음악이다"라고 말했어요. 케이지는 「4분 33초」라 불리는 '침묵의 음악'을 만들었어요. 이 음악은 4분 33초 동안 아무 연주도 하지 않는 게 특징이에요.

1952년 뉴욕에서 피아니스트 데이비드 튜더 David Tudor 는 케이지의 가장 이례적인 이 작품을 연주했어요. 튜더 역시 아무 연주도 하지 않았어요. 그저 피아노 앞에 앉아서 빈 악보를 보며 스톱워치를 누르고 두 손을 무릎 위에 올려놓았어요. 어리둥절한 몇몇 사람들은 약 2분 후에 공연장을 나가버렸지요. 정확히 4분 33초 후 튜더는 자리에서 일어나 인사를 했어요.

이 이상한 음악은 어떤 생각에서 나오게 되었을까요? 아마 케이지는 음악에서 작곡가가 전부가 되어서는 안 된다고 생각했을 거예요. 악보에 단 하나의 음표도 그려 넣지 않음으로써 기존의 방식에서 벗어나려고 했을 거예요. 작곡 행위에서 자신을 완전히 배제함으로써 침묵의 음악이 온전히 주목받을 수 있게 한 것이지요.

소로와 케이지 모두 음악과 관련해 많은 질문을 내놓았어요. "음악이란 무엇인가?", "음악은 어디에서 나오는가?", "음악을 만드는 데 작곡가의 역할은 무엇인가?", "음악이 사람들의 감정에 영향을 미치는가?", "음악의 느낌은 오직 듣는 사람에 의해 결정될까?" 등등……. 여러분도 음악에 대해 생각하고 소로와 케이지처럼 많은 질문을 던져보세요.

음악을 이야기한 철학자들

힌두교에서 '옴'은 철학적 의미를 지닌 신성한 소리이자 가장 중요한 주문이라고 여겨지곤 해요. 옴은 '아', '우', '음' 이렇게 세 가지 소리로 구성되어 있어요. '아'와 '우'가 결합되어 '오' 소리를 만들고, '오'와 '음'이 합쳐지면 '옴'이 되는 것이지요. 힌두교 신자들에게 옴은 과거와 현재와 미래랍니다. 심지어 이렇게 세 부분으로 구성된 시간적 의미를 넘어서도 존재해요. 게다가 옴은 브라만, 즉 힌두교에서 말하는 진정한 자아의 상징이기도 해요. 힌두교 경전 『바가바드기타』에 따르면 정신을 모아 옴에 집중하면 자아에 생기를 불어넣게 된다고 해요.

피타고라스도 음악을 매우 중요하게 생각했어요. 피타고라스는 하늘의 별과 행성이 만들어내는 우주의 음악에 대해 이야기했어요. 그는 태양과 달, 행성과 별 모두 고유의 음을 가지고 있다고 믿었어요. 천체들이 함께 어우러져 만드는 음악을 가리켜 '천체의 음악' 또는 '천체의 화성'이라 불렀어요. 천체의 음악은 보통의 방식으로 귀를 사용해 '들을 수 있는' 음악이 아니에요. 오히려 산술과 기하학 같은 수학과 천문학에 더 가까운 개념이에요. 참고로 피타고라스는 수학과 음악이 매우 밀접한 관련이 있다고 생각했어요. 이러한 피타고라스에게 영감을 받은 플라톤은 우주를 이해하는 데 수학과 천문학뿐만 아니라 음악도 반드시 필요하다고 생각했어요.

독일 철학자 아르투어 쇼펜하우어 Arthur Schopenhauer 는 삶에 대해 다소 어두운 시선을 가졌어요. 당시 사람들은 대부분 인생은 짧고 고통으로 가득 차 있다고 생각했어요. 그러나 고통으로 가득 찬 세상 속에서 쇼펜하우어는 음악으로 기쁨을 찾았어요. 가장 슬픈 화음으로 구성된 음악을 들어도 기분이 좋아질 수 있다고 믿었지요. 그는 음악이 우리의 기분을 좋게 만들어줄 뿐 아니라 우리 자신의 궁극적 실재를 알기 쉽게 밝혀준다고 생각했어요.

핀이 가장 좋아하는 음악으로 '세상이 돌아가는 소리'를 꼽은 이유에 대해 존 모리아티는 핀이 좋은 일이든 나쁜 일이든 자신에게 일어난 모든 일을 받아들이며 살기 때문이라고 생각했어요. 내게 주어진 상황이나 조건을 있는 그대로 받아들이고, 나아가 조화를 이루며 살 수 있다면 우리의 삶은 훨씬 행복해질 거예요.

두 번째 숲에서 여러분과 생각 대장은 혹독한 시험을 치르는 기분이 들었을 거예요. 테세우스와 그의 가족은 지금까지 알고 있던 영웅의 의미를 완전히 흔들어 놓았어요. 인간이 칼이나 방패 없이 미노타우로스 같은 괴물에 대적할 정도로 용감하다는 것이 믿기지 않았지요. 브라흐마 신의 이야기를 들을 때는 신성한 불꽃이 인간의 마음속에 존재하는 것이 사실인지 궁금해졌어요. 길을 걷다 만난 디오게네스를 본 뒤로는 물질적 부를 다시 생각해보게 됐어요. 그가 새로운 삶의 방식을 보여줬거든요. 그뿐 아니라 현명한 왕 코르막 맥 에어트를 통해 모든 존재가 따뜻한 보살핌을 받고 번영을 누리는 나라를 꿈꾸게 되었어요.

또 변방 요새의 노인을 보면서 어떤 사람이나 사건에 대해서 섣부른 판단을 하지 말아야 한다고 다짐하게 되었어요. 판도라의 상자를 보고는 위험한 상자를 열기 전에는 신중한 자세가 필요하다는 것을 느꼈어요. 제자 핀과 스승 피네가스는 지식의 본질을 다시 생각해보도록 자극했어요. 카불의 재판은 육식에 대해 생각해보는 좋은 계기가 되었고요. 기사 핀이 가장 듣고 싶은 음악으로 세상이 돌아가는 소리를 꼽았을 때 생각 대장은 할 말을 잃었지요. 세상 그 자체가 음악이 될 수 있다는 사실에 엄청 놀랐거든요.

CHAPTER 3

세 번째 숲
마침내 나의 세상이
넓어졌어요

> "인생은 과감한 모험이 아니면
> 아무것도 아니에요."
>
> —헬렌 켈러Helen Kellerl

세 번째 숲에서 우리는 탐험의 마지막 단계로 들어갈 거예요. 이제 여러분과 생각 대장은 지금까지 가지고 있던 생각의 틀을 기꺼이 벗어던질 거예요. 탐험을 계속하면 신기하게도 진정한 자신의 모습에 한 발짝 더 가까이 다가갈 수 있을 거예요.

어떤가요. 머릿속에 질문과 생각이 가득 찼나요? 아니면 생각이 너무 많아져서 뭐가 뭔지 모르겠나요? 그렇다면 잘되고 있는 거예요. 여러분은 지금 철학의 숲에서 신나게 헤매고, 길을 잃고, 또 탐험하는 중니까요.

자, 이제 마지막까지 잘 따라오세요!

작은 일도 소홀히 여기지 않는 스님의 일상

일본의 승려 도겐道元은 스물세 살 되던 해에 불교를 더 깊이 이해하고 수행하기 위해 중국의 여러 사찰을 찾아다녔어요.

5월의 어느 더운 날 도겐은 한 사찰에 도착했어요. 맛있는 점심 식사를 막 끝낸 한낮이었지요. 도겐은 사찰로 이어지는 오솔길을 따라 한가로이 걷다가 법당 앞에서 노스님을 만났어요. 스님의 이름은 '루'였어요. 루 스님은 사찰 주방장으로 그곳에서 식사 준비를 담당하고 있었어요. 그날도 쨍쨍 내리쬐는 햇볕 아래에서 저녁 식사 재료로 쓸 버섯을 돌 위에 널고 있었어요.

햇볕이 뜨거운데도 루 스님은 머리를 가릴 모자도 쓰지 않고 대나무 지팡이만 손에 쥐고 일했어요. 스님은 매우 힘들어 보였어요. 이마는 땀으로 번들거리는 데다 등은 활처럼 휘었고, 눈썹과 몇 가닥 되지 않는 수염은 두루미의 깃털처럼 하얀색이었어요. 스님은 많은 버섯을 하나씩 펼쳐 놓느라 몸을 웅크리고 있었어요.

도겐은 노스님의 참을성에 매우 놀랐어요. 그래서 가까이 다가가 물었어요. "스님, 승려가 된 지 얼마나 되셨습니까?"

"68년 되었소." 스님이 대답했어요.

"어째서 다른 사람에게 도와달라고 하지 않으십니까?" 도겐은 놀라워하며 되물었어요.

"다른 사람은 내가 아니잖소." 스님은 묵묵히 대답했답니다.

"스님이 하시는 일을 보고 어떻게 옳은 길을 걷고 계신지 충분히 이해했습니다. 그런데 왜 하필 지금처럼 더울 때 일하십니까?"

"지금이 아니면 언제 하겠소?" 스님은 대답한 뒤 계속해서 일했어요.

도겐은 더 할 말도, 더 물어볼 말도 없었어요. 다시 여행길에 오른 도겐은 사찰에서 주방장 스님이 얼마나 중요한 존재인지 알고 깨닫게 되었어요.

(이 이야기는 도겐 스님이 쓴 『요리사의 교훈』의 내용을 각색한 것이에요.)

누구도 대신해줄 수 없는 나의 일과 삶

먼저 선불교의 핵심인 '좌선坐禪'에 대해 이야기해볼게요. 현명한 노스님은 좌선의 자세를 분명 잘 아는 것임에 틀림없어요.

고요히 앉아 있는 좌선은 선불교의 핵심이에요. 좌선은 우선 앉은 뒤에 나에게 일어나는 일을 관찰하고 집중하는 태도를 말해요. 아주 간단한 일처럼 느껴질지 모르지만 실은 가만히 앉아 있는 것도 매우 어렵답니다.

좌선은 일반적으로 평평한 돗자리에 깔아 놓은 방석 위에 앉아서 해요. 이상적인 자세는 결가부좌를 하는 거예요. 결가부좌란 책상다리를 하고, 등을 곧게 세우고, 머리를 똑바로 들고, 눈은 완전히 감지 않되 아래로 살짝 내려 뜨고, 양손의 엄지손가락끼리 가볍게 맞대어 손을 타원 모양으로 만든 상태로 앉은 자세를 말해요. 이 자세는 정신을 모으고 집중할 수 있는 최선의 방법으로 알려져 있어요. 의자에 앉는 것이 익숙하다면 책상다리를 하는 게 어려울 수도 있어요. 결가부좌가 불편하면 더 편한 자세로 앉아도 괜찮아요.

좋은 자세는 생각과 육체적 감각에 집중할 수 있게 해주지요. 가만히 앉아 있을 수 없을 때는 대체로 좋아하는 일이나 욕구에 지나치게 집착하고 있을 가능성이 커요. 현재에 집중할 수 없다면 자신은 물론이고 남에게도 큰 해가 될 수 있어요.

선불교의 관점에서 좌선은 철학적 의미를 지니고 있어요. 도겐은 좌선이 부처가 되는 일 또는 완벽한 깨달음에 이르는 길이라고 말했어요. 도겐은 좌선이 육신과 정신을 벗어던지고 욕망과 애착도 가라앉힌다고 했어요. 그런 상태에 이르면 우리는 불성佛性, 즉 부처가 될 수 있는 성질을 깨닫는 거예요. 불성은 인간에게만 나타나는 것도 아니에요. 모든 생명체가 불성을 가질 수 있어요.

도겐이 주방장 노스님 루를 만난 이야기는 좌선의 성질과 의미를 깊게 들여다보게 해요. 그 이유는 두 가지예요. 첫 번째, "다른 사람은 내가 아니잖소"라고 한 말은 루 스님이 다른 어떤 사람도 어려운 좌선을 대신 행할 수 없음을 깨닫고 있다는 것을 의미해요. 루 스님의 몸이 느끼고 루 스님의 머리가 생각하는 것을 스님 자신이 아니면 어느 누가 알 수 있겠어요? 오직 스님 본인만이 알 수 있어요. 여러분 머리에서 생각하는 것과 몸이 느끼는 것을 어느 누가 경험할 수 있을까요? 오직 여러분 자신뿐이에요. 두 번째, "지금이 아니면 언제 하겠소?"라는 물음은 무엇이든 바로 지금 이 순간 해야 한다는 시간성과 기회의 의미를 잘 보여주고 있어요.

좌선을 이야기한 철학자들

부처는 "깨어 있으라. 스스로 생각의 증인이 되어라. 너를 관찰하는 것이 곧 너다"라는 말을 했어요. 좋은 좌선을 하기 위해서는 자기 생각을 관찰할 줄 알아야 해요. 여러분은 생각을 관찰하고 분류하는 일을 약 100만 번쯤 해봐야 할 거예요. 그러다 보면 생각이 어떻게 지나가고 비워지는지 알 수 있고, 그 생각이 여러분 자신이 아니라는 것도 이해하게 될 거예요.

프랑스 과학자이자 종교 철학자인 블레즈 파스칼Blaise Pascal은 우리가 안고 있는 모든 문제는 방에 가만히 앉아 있지 못한다는 단 하나의 원인에서 나온다고 주장했어요. 불교 신자들이 수행하는 그런 종류의 좌선을 이야기한 것은 아니지만 파스칼의 말은 가만히 앉아 있는 것이 얼마나 중요한지 잘 보여주고 있어요. 파스칼이 이 말을 한 시기는 17세기였어요. 21세기를 살아가는 우리 주변에는 주의를 분산시키는 요인들이 무수히 많아요. 특히 나날이 발전하는 다양한 기술로 인해 우리는 점점 더 산만해지고 있어요. 가만히 앉아 있을 수 없다면 우리는 스스로 자신이 누구이고 어떤 특성을 갖고 있는지 깨달을 기회를 놓치게 돼요. 17세기에 제시된 파스칼의 통찰은 오늘날의 문제와도 관련이 깊어요.

스즈키 순류鈴木俊隆는 일본의 불교 승려예요. 스즈키에 따르면 좌선에서 가장 중요한 것은 무언가를 얻을 거라 기대하지 않는 자세예요. 스즈키는 방석 위에 아무 기대감 없이 앉아 있으면 진정한 본성이 드러난다고 믿었어요. 게다가 좌선을 할 때는 생각이 자유롭게 들어오고 나갈 수 있도록 앞문과 뒷문도 모두 열어두는 것이 좋다고 생각했어요. 다만 생각하는 데 너무 많은 시간을 보내지는 말라고 했어요. 생각이 자유롭게 오가게 하되, 생각에만 너무 매달리지는 말라는 뜻이지요.

좌선을 수행하는 가장 통찰력 있는 서양인 중 한 명인 미국인 승려 샬럿 벡Charlotte Beck은 우리가 살아가는 모든 순간이 선택 또는 갈림길과 같다고 묘사했어요. 이 길로 갈 수도 있고 저 길로 갈 수도 있어요. 매 순간 우리는 상상 속의 멋진 세계와 실제로 일어나는 끔찍한 세계 사이에서 선택해야 해요. 백 선사는 좌선하는 동안 느끼는 고통도 좋은 것이라고 말했어요. 고통에만 오롯이 집중할 수 있기 때문이지요.

그대가 이 세상 최고의
소리를 찾아와주게

수천 년 전 중국은 위대하고 현명한 황제가 다스리고 있었어요. 통치기간 초기에 황제는 매우 심오한 꿈을 꿨어요. 백성들이 자연 세계와 완벽한 조화를 이루며 평화롭게 사는 나라에 대한 꿈이었어요. 자연과 더불어 살아가는 사람들 덕분에 대지는 인간이란 생명체가 있는지 눈치도 못 챌 정도였어요. 그래서 나라가 크게 번성했어요. 그곳 사람들은 행복하고 유쾌했어요. 대지와 동물도 행복해 보였어요.

꿈에서 깨자마자 황제는 자신의 백성도 자연과 조화를 이루며 살게 해야겠다고 결심했어요. 만약 그런 조화를 이룰 수 있다면 중국도 안정을 찾고 태평성대를 누릴 수 있을 거라고 믿었어요.

그러나 문제가 있었어요. "어떻게 백성과 자연이 조화를 이루게 할 수 있을까?" 하고 황제는 스스로에게 물었어요. 문제는 그뿐만이 아니었어요. "자연과 분리되어 살기보다 자연과 함께 사는 법을 보여줄 수 있는 것은 무엇일까?" 이 또한 어려운 질문이었지요.

혼자 고심하던 황제는 백성이 자연과 조화롭게 사는 방법을 찾기 위해 고위 대신들과 예술·과학 담당 관리들을 불러 모았어요. 많은 논의 끝에 황제는 음악의 대가인 링룬에게 백성에게 들려줄 최초의 음악이자 기본음이 되는 소리를 찾아오라는 명을 내리고 그를 먼 서쪽 지방으로 보냈어요. 그 음은 '황종'이라 불리는데 우주 만물이 조화를 이루도록 돕는 영원의 소리예요. 황제는 백성이 황종 소리를 들을 수 있다면 나라가 질서를 찾고 번성할 것이라고 믿었어요.

링룬은 서쪽 지방의 외곽을 향해 떠났어요. 거대한 강 근처에 있는 어느 산 중턱에 이르러 링룬은 대나무를 여러 조각으로 잘랐어요. 기본음을 찾을 수 있을까 하는 마음에 대나무 조각 하나하나를 전부 불어서 시험해봤어요. 그중 하나가 욕망이나 집착을 비운 사람의 목소리와 같은 순수한 음색을 냈어요. 링룬은 대나무 피리를 다시 불어봤어요.

이어서 링룬이 대나무 피리를 세 번째로 불었을 때 봉황이라 불리는 화려한 새가 나타났어요. 예로부터 봉황이 나타나는 것은 좋은 징조라고 했지요. 봉황이 내는 첫 울음소리가 링룬의 피리와 완벽한 화음을 이뤘어요.

링룬은 황종 소리를 발견했다고 확신했어요. 그는 나라의 근간이 될 음을 찾았다는 좋은 소식을 가지고 황제에게 돌아갔어요. 황제는 굉장히 기뻐했어요. 황종 소리를 기반으로 나라를 세우면 중국은 분명 번영할 수 있다고 믿었어요. 그리고 실제로 그렇게 되었지요. 단기간에 멋지게 설계된 집과 수레와 배가 생겼고, 문자와 주화가 발명되었어요. 비단과 활이 만들어졌고, 정부 기관도 설립되었어요. 전에는 볼 수 없었던 변화였지요. 중국 역사상 처음으로 사람, 동물, 대지가 모두 조화를 이루며 살았어요.

(이 이야기는 『펠리컨 음악사』 제1권의 내용을 각색한 것이에요.)

결국 인간은 자연의 일부이기에

이것은 자연과의 조화를 찾음으로써 번성하게 된 나라의 이야기예요. 이야기 속 중국은 황종이라 알려진 자연의 소리를 기반으로 세워졌지요. 황종 소리를 듣는다고 한번 상상해보세요. 어떤 소리일까요? 정말로 황종 소리를 들으면 자연을 보는 눈과 태도가 바뀔 수 있을까요? 만약 여러분이 자연과 조화를 이루는 나라나 마을에서 살고 있다면 삶은 어떤 모습일까요?

미국 인디언은 현대 문명인이 상상할 수 없는 방식으로 자연과 조화를 이루며 살고 있어요. 한 인디언 부족의 '서 있는 곰'이란 이름을 가진 추장은 자신들이 어떻게 자연과 조화를 이루며 사는지 설명했어요. 인디언은 자연을 지배하거나 정복하기보다 자연을 이해하려고 노력해요. 서 있는 곰에 의하면 인디언의 행복은 살아 있는 것과 나누는 우정과 연대감에서 나온다고 해요. 미국 인디언 부족 중에는 라코타족이 있어요. 라코타족 언어에는 '미타쿠예 오야신Mitatchuye O'yasin'이라는 말이 있는데, 뜻은 '우리 모두 연결되어 있다'예요. 인디언과 자연 사이의 조화로운 관계를 완벽하게 표현하는 말이지요.

미국 인디언이 자연을 존중하고 모든 생물과 유대감을 갖는 모습은 노르웨이 철학자이자 심층 생태학자인 아르네 네스Arne Naess의 글에서도 찾아볼 수 있어요. 네스는 자연과의 유대감을 인식하는 자아를 '생태적 자아'라고 불렀어요. 생태적 자아를 통해 인간은 세상과 구별되는 별개의 개체라는 이기적인 생각에서 벗어날 수 있어요.

미국 생태학자 알도 레오폴드Aldo Leopold 또한 네스와 유사하게 생태적 자아 개념을 생각해냈어요. 네스와 레오폴드는 인간이 산처럼 사고하는 법을 알아야 한다고 주장했어요. 산처럼 사고하면 인간이 어떻게 자연의 일부가 되는지 알 수 있고, 다른 생물에 대한 책임감과 건물을 짓거나 경관을 바꿀 때 자연을 반드시 고려해야 하는 의무감을 깨달을 수 있어요.

자연은 계속되는 인간의 활동 때문에 손상되고 있어요. 하지만 문제를 해결하기 위해 노력하는 프로젝트도 꾸준히 생겨나고 있답니다. 2001년에 시작된 영국 콘월 지역의 에덴 프로젝트가 그중 하나예요. 에덴 프로젝트는 두 개의 거대 온실로 구성되어 있어요. 한때 오염되었던 점토 채취장 위에 지어진 온실 중 하나에는 열대우림 환경이, 다른 하나에는 식물이 잘 자랄 수 있는 지중해 기후 환경이 조성되어 있어요. 이 프로젝트의 시작을 도운 팀 스미트Tim Smit는 척박하고 황량한 땅을 낙관주의의 상징으로 바꾸고 싶었어요. 에덴 프로젝트는 인간이 자연의 일부라는 것을 보여주려고 했어요.

아서 코난 도일Arthur Conan Doyle의 소설 『잃어버린 세계』도 에덴 프로젝트가 만들어지는 데 한몫했어요. 스미트는 코난 도일의 소설이 인간에게 자연을 소중히 다룰 것을 강력하게 요구한다고 생각했어요. 그리고 그것이 바로 에덴 프로젝트의 메시지예요.

자연을 이야기한 철학자들

『도덕경』에서 묘사하는 도교 국가는 자연과 조화를 이루는 나라예요. 이곳은 국민이 아주 적답니다. 군대와 무기가 있지만 사용하지 않아요. 배와 마차도 있지만 아무도 타지 않아요. 방패와 칼이 있지만 아무도 들지 않아요. 사람들은 문자 대신 매듭지은 끈으로 의사소통을 해요. 맛있는 음식과 아름다운 옷이 있고, 기분 좋은 관습과 평화로운 가정이 있어요. 그들은 근처의 이웃 나라로도 가지 않고 나이가 들면 자연스럽게 죽음을 맞이해요. 이상적인 도교 국가에는 삶에 필요한 모든 것이 마련되어 있어요. 재산은 소박한 생활을 유지할 정도로만 가져요. 그래서 어떤 해로운 욕구도 생기지 않지요. 국민 모두가 만족하면서 살아요. 통치자는 명령을 내릴 필요가 없고, 국민은 안정된 삶을 꾸려 나가요. 이런 국가는 자연과 완벽한 조화를 이루지요.

사회 모든 분야에서 여성이 남성과 똑같은 대우를 받기를 바라는 많은 페미니스트는 우리가 남성 지배적인 사회에 살고 있기 때문에 자연과 조화를 이루지 못한다고 말해요. 프랑스 작가 프랑수아즈 도본느Françoise d'Eaubonne는 여성과 유색인, 어린아이와 가난한 사람들이 자연을 거스르는 남성 지배적 세력에 의해 핍박받고, 남성 중심적 가치에 더 많은 주의를 기울이는 서구 사회에서 부당한 대우를 받아왔다고 주장했어요. 생태 페미니스트 그레타 가드Greta Gaard와 로리 그루엔Lori Gruen은 남성 지배적 사회가 부를 창출한다는 단 하나의 목적을 위해 그 밖의 모든 것을 단순한 자원으로 바꿔 놓으려 한다고 지적했어요. 여러분이 가드와 그루엔의 주장에 동의하든 안 하든 간에, 지구와 지구상의 모든 생물을 좁은 의미로 바라보는 사람들은 항상 자연에 끔찍한 영향을 끼쳐요. 이처럼 자연에 해를 끼치는 세계관을 고쳐야 자연과 조화로운 관계를 형성할 수 있어요.

독일의 두 철학자 테오도어 아도르노Theodor Adorno와 막스 호르크하이머Max Horkheimer는 자연과 연결되려는 인간의 노력이 이성과 과학기술로부터 방해받고 있다고 말했어요. 이 두 가지 요인 탓에 자연은 더는 신비하거나 두려운 대상이 아니며 야생의 상태도 아니에요. 자연은 연구의 대상 또는 목적에 맞게 지배를 하는 곳으로 변질되고 말았어요. 이러한 접근 방식은 자연이 가진 경이감과 경외감을 파괴하지요. 아도르노는 상황을 바꾸고 자연과의 조화를 강화하기 위해 예술로 눈을 돌렸어요. 아도르노의 주장에 의하면 예술 작품은 단순한 구성 재료나 가격표 이상의 것을 포함하는 자연물과 같아서 자연에 대한 경이감을 되찾아줄 수 있다고 해요.

모리아티는 '조류 통치Birdreign'를 통해 자연과 조화를 이루는 나라를 세울 수 있다고 생각했어요. 조류 통치 시대는 과거 아일랜드의 콘네어 모르Conaire Mór 왕이 통치하던 시기를 말해요(아일랜드 전설에 따르면 콘네어 모르 왕은 새들의 왕과 인간 사이에서 태어났다고 해요. 그래서 그가 통치하던 시대를 조류 통치 시대라고 부른답니다 - 옮긴이). 당시 아일랜드는 황제가 통치하던 중국처럼 모든 생물이 조화를 이루며 살았어요. 모리아티는 조류 통치 시대가 다시 오는 날을 꿈꿨어요. 이를 실현하기 위해 모리아티는 헌법이 아닌 음유시인들이 자유롭게 해석할 수 있는 이야기를 기반으로 한 나라를 세워야 한다고 생각했어요. 그런 나라는 자연을 소중히 여기고 인간이 지닌 가능성을 더 넓혀줄 거예요.

그림 속으로
사라져버린 화가

아주 먼 옛날 당나라 황제 현종의 궁궐에는 훌륭한 미술품으로 장식된 넓고 큰 벽이 많았어요. 하지만 어떤 미술품도 걸려 있지 않은 유난히 큰 벽이 하나 있었죠. 현종은 평소 화가 오도현을 매우 높이 평가하고 있던 터라 오도현에게 빈 벽에 거대한 풍경화를 그려 달라고 부탁했어요. 오도현은 황제에게 초대받은 것을 영광으로 여기고 정중하게 응했어요.

오도현은 물감과 붓, 다른 화구를 준비하고 곧장 궁궐로 향했어요. 궁궐에 도착한 오도현은 자기가 무엇을 하는지 아무도 보지 못하게 거대한 천으로 벽을 가렸어요. 그 뒤 작업에 들어갔어요.

시간이 조금 지나 오도현은 황제에게 작업을 마쳤다고 전했어요.

황제가 도착하자 오도현은 천을 걷어 올렸어요. 아름다운 풍경화가 모습을 드러냈어요. 해와 산, 숲과 강, 폭포와 구름, 사람과 원숭이 등 자연의 경이로움을 그대로 궁궐로 옮겨 놓은 듯한 그림이었어요.

그때 황제를 수행하던 신하 한 명이 맹세하건대 그림에서 세찬 강물 소리가 흘러나오는 것을 들었다고 말했어요. 한 신하는 전나무 특유의 향이 난다고 말했고, 또 다른 신하는 검은색 윤곽의 남자가 먼 산 중턱에 자리 잡은 사찰로 걸어가는 것을 봤다고 주장했어요.

황제는 얼어붙은 듯이 그림 앞에 가만히 서 있었어요. 그때 오도현이 그림 속 작은 동굴을 가리키며 말했어요. "산기슭에 작은 동굴이 있는 사찰이 보이시지요. 동굴 안에는 정령이 살고 있습니다." 오도현은 계속 말을 이어갔어요. "동굴 내부는 어떤 인간도 상상할 수 없는 눈부신 그림들로 채워져 있습니다." 말을 끝마치자 오도현은 손뼉을 쳤어요. 갑자기 그림 안의 작은 동굴로 들어가는 문이 열렸어요.

"폐하, 제가 길을 안내하겠습니다. 동굴 안에 살고 있는 경이로운 존재를 보여드리고 싶습니다." 말이 끝나자마자 오도현은 그림으로 변신했어요. 그는 순식간에 작은 그림 크기로 변했지요. 오도현은 그림 속 작은 동굴 안으로 걸어 들어가면서 황제에게 따라오라고 손짓했어요. 황제는 오도현을 따라가지 않고 여전히 넋을 잃은 채 서 있었어요.

그런데 눈 깜박할 사이에 작은 동굴로 들어가는 문이 닫혔어요. 풍경화는 완전히 사라지고 말았어요. 황제는 다시 텅 빈 벽 앞에 서 있게 되었답니다.

(이 이야기는 허버트 자일스Herbert A. Giles의 『중국 회화예술사 입문』의 내용을 각색한 것이에요.)

세상은 우리가 보는 만큼 보인다

이 이야기는 자신의 그림 속으로 사라진 화가 오도현을 표현한 도교적 전설이에요. 화가와 그의 그림은 대체 무엇을 말하는 것일까요?

오도현은 기적처럼 그림 안으로 들어가서 그림과 함께 사라졌어요. 화가와 그림 사이의 경계가 사라진 것이죠. 오도현의 풍경화는 마치 우리가 실제 세상을 거니는 것처럼 그림 안을 다닐 수 있는 가능성을 열어줬어요. 오도현이 황제에게 동굴 안으로 따라 들어오라고 손짓한 것은 풍경화 속으로 들어가는 능력이 오도현에게만 국한된 일이 아님을 암시하는 거예요. 의지와 모험심만 있다면 누구라도 그림 속으로 들어갈 수 있다는 뜻이죠. 안타깝게도 황제는 오도현의 초대를 받아들이지 않았고 엄청난 기회를 놓쳤어요. 그는 텅 빈 벽 앞에 혼자 남겨졌지요.

도교적 영감을 시사하는 이 이야기는 동양의 관점에서 예술이 할 수 있는 일의 의미를 전달해요. 그러면 서양의 예술과 철학에도 똑같이 적용할 수 있을까요? 오도현은 황제의 현실감각을 시험했어요. 서양에도 비슷한 화가가 있을까요?

벨기에 화가 르네 마그리트 René Magritte는 '이미지의 반역'라는 그림을 통해 보는 이의 현실감각을 시험해요. 그림에는 담뱃대가 그려져 있어요. 그런데 그림 아래쪽에 '이것은 담뱃대가 아니다'라는 글이 적혀 있어요. 이 뜻은 담뱃대가 아니라 '담뱃대의 이미지'를 그렸다는 것이에요. 그래서 만약 마그리트가 자신의 그림이 담뱃대라고 말하면 거짓말을 하는 게 돼요. 이 그림은 기발하게도 아주 일상적인 물건을 통해 그림을 보는 사람을 완전히 혼란스럽게 만들어요. 우리가 알고 있던 평범한 물건이 원래의 의미와 친숙함을 잃어버린다면 정말 묘한 기분이 들 거예요.

그렇다면 서양에서 예술과 철학은 어떤 관계일까요? 마르틴 하이데거 같은 철학자는 예술에 대해 생각하는 자세가 매우 중요하다고 여겼어요. 하이데거는 예술을 가리켜 수수께끼와 같다고 했죠. 단 예술을 생각하는 것은 수수께끼를 푸는 것이 아니라, 예술 그 자체인 수수께끼를 이해하는 것이라고 강조했어요. 수수께끼를 더 명확하게 이해하기 위해 하이데거는 "예술 작품의 근원은 무엇인가?"라는 질문을 내놓았죠. 하이데거 자신도 이 질문에 대한 명확한 답을 내놓진 않았어요. 그저 예술에 대한 하이데거의 입장은 우리로 하여금 더 많은 질문을 하도록 안내하는 표지판 역할을 하는 셈이에요.

그림을 이야기한 철학자들

중국 산수화 화가 곽희郭熙는 그림에 관한 책을 썼어요. 책에서 곽희는 자연과 멀리 떨어져 사는 사람이나 훌륭한 경치를 구경할 수 없는 사람에게 풍경화가 얼마나 중요한지 설명했어요. 실력이 뛰어난 화가가 그린 멋진 풍경화는 자연의 세계로 들어가는 문과 같은 역할을 해요. 곽희는 좋은 풍경화만 있다면 집 밖으로 나가지 않고도 개울과 계곡 사이를 거닐 수 있다고 말했어요. 어쩌면 새와 원숭이의 울음소리까지 들을 수 있을지도 몰라요. 곽희가 말하는 좋은 풍경화란 보는 사람의 정신을 충족시키고 마음을 사로잡는 작품이에요.

프랑스 철학자 모리스 메를로퐁티 Maurice Merleau-Ponty 는 그림에 관한 아주 놀라운 글을 썼어요. 그는 '눈과 마음'이라는 제목의 글에서 화가의 몸이 작품에 얼마나 중요한 부분이 되는지 설명했어요. 창작을 할 때 화가들은 마음뿐만 아니라 몸도 작품에 맡긴다는 뜻이에요. 메를로퐁티는 마음만으로 그림을 그릴 수는 없다고 말했어요. 그뿐 아니라 화가와 그림의 역할이 바뀔 수 있다는 관점도 설명했어요. 즉, 창작자가 자신이 보고 있는 대상이 될 수 있다는 거예요. 스위스 출신의 독일 화가 파울 클레Paul Klee는 사물들이 자기를 바라보는 것 같은 경험을 겪었다고 주장했어요. 숲속에 있을 때 나무들이 자기를 보면서 말을 거는 듯한 느낌을 여러 번 받았다는 거예요. 그는 화가 안에는 어떻게든 거대한 우주가 들어가 있어야 한다는 말을 남겼어요.

모리아티는 그림의 중요성을 강조했어요. 특히 이른 봄의 풍경을 그린 곽희의 '조춘도'를 높이 샀어요. 이 같은 그림을 보면 눈뿐만 아니라 마음과 입도 정화되어 새롭게 보고, 생각하고, 말할 수 있다고 믿었어요. 게다가 조춘도를 통해 우리 인간은 편협한 시각과 사고방식에서 벗어나 나무, 바위, 산이라는 자연 세계를 볼 수 있다고 주장했어요.

한스 게오르크 밀러는 도교풍의 그림이 어째서 자연을 그대로 모방하지 않는지 설명하면서 도교 미술이 지닌 철학적 의의를 밝혔어요. 도교 미술은 그 자체로 실질적인 것을 새롭게 '창조'하려고 노력해요. 오 도현 같은 도교 화가들은 이러한 창조가 가능하다고 생각했어요. 그들 은 '기氣'라는 에너지를 현실의 자연 풍경 못지않게 그림인 풍경화에서 도 찾을 수 있다고 믿었어요. 풍경화나 실제 자연 풍경 모두 같은 에너 지로 구성되어 있다고 여겼지요.

왜 그 청년은 익숙한 곳을
벗어나지 못할까

어느 날 밤 나스루딘이 이슬람 사원에서 집으로 돌아가고 있었어요.
달이 구름에 가려서 바로 코앞도 잘 보이지 않는 어두운 밤이었어요.
다행히 집 근처에 가로등이 있었기 때문에 나스루딘은 간신히 길을 찾
아갈 수 있었어요. 그러나 그의 집은 암흑 속에 잠겨 있었어요.

나스루딘은 조심스럽게 현관으로 걸어갔어요. 그리고 어둠 속에 서
서 호주머니를 더듬으며 열쇠를 찾았어요. 서두르다 보니 무엇인가 손
가락 사이로 빠져나가는 것이 느껴졌어요. 딱딱한 계단 위로 열쇠가
떨어지면서 나지막이 쨍그랑 소리가 들렸어요. 나스루딘은 얼른 어두
운 집 앞에서 벗어나 조금 전에 지나온 가로등 밑으로 갔어요.

그는 가로등 불이 비추는 원 모양의 영역을 따라 아주 천천히 걸으

면서 열쇠를 찾기 시작했어요. 그래도 찾지 못하자 이번에는 무릎과 손바닥을 땅바닥에 대고 기어 다니면서 잃어버린 열쇠를 계속해서 찾았어요.

그때 이웃 남자가 우연히 지나가다가 나스루딘이 가로등 아래에서 무엇인가를 찾고 있는 모습을 봤어요.

그는 물었어요. "나스루딘 님, 뭐 잃어버리셨어요?"

나스루딘이 대답했답니다. "열쇠요."

"제가 도와드릴게요." 이웃 남자는 곧바로 두 손과 무릎을 땅바닥에 대고 열쇠를 찾기 시작했어요.

한참 찾다가 이웃 남자가 말했어요. "너무 뻔한 질문입니다만 정확히 어디에서 열쇠를 떨어뜨리셨어요?"

"우리 집 현관입니다." 나스루딘이 대답했어요.

"그런데 왜 여기에서 찾고 계십니까?" 이웃이 놀라서 물었어요.

"여기에는 빛이 있잖습니까." 나스루딘이 큰소리로 말했어요.

(이 이야기는 이드리스 샤Idres Shah의 『수피즘』의 내용을 각색한 것이에요.)

때론 정말 중요한 것은 외부에 있다

이야기 속 나스루딘은 정작 열쇠를 잃어버린 곳에서 찾지 않았어요. 어둡다는 이유로 말이지요. 찾을 수 없다는 것을 알면서도 가로등 불빛 아래를 살펴봤어요. 열쇠를 발견하지 못할 것을 알면서 나스루딘은 왜 그곳을 벗어나지 못했을까요? 여러분이 보기에는 어떤가요? 나스루딘이 어리석어 보이나요?

어떤 철학자와 종교 사상가는 많은 사람이 엉뚱한 곳에서 진리를 찾고 있다고 지적하며 이는 나스루딘과 다를 바 없다고 말해요. 또 어떤 철학자는 가로등 불빛 아래에서 열쇠를 찾는 것처럼 '생각의 틀' 안에서는 결코 진리를 찾을 수 없다고 지적하지요. 우리는 생각의 틀인 가로등 불빛을 벗어나 과감히 어둠 속으로 발을 내딛는 모험을 해야 해요.

만약 나스루딘이 도교를 알았다면 잃어버린 열쇠를 찾는 다른 방법을 생각해냈을지도 몰라요. 아마도 도교 신자는 나스루딘이 '길'을 의미하는 '도道'를 배우기 위해 모든 욕구와 생각을 기꺼이 포기해야 한다고 말할 거예요. 도는 그 자체가 실재인 신비하고도 어두운 길이에요. 도를 통해 사물들은 계속 변하면서 결합해요. 이상하게 들리겠지만 도의 개념을 이해하려면 도에 관한 모든 생각을 없애야 해요. 어려운 도의 의미를 파악하기 위해서 오래전부터 도교에서 전해지는 이야기를 하나 들려줄게요.

우리는 물고기를 잡는 데 그물을 사용해요. 그러나 물고기를 잡고 나면 그물을 잊어버리지요. 우리는 토끼를 잡기 위해 덫을 놓아요. 그러나 토끼를 잡고 나면 덫을 잊어버려요. 관념을 이해하기 위해 우리는 말을 사용해요. 그러나 관념을 이해하고 나면 말도 잊어버리고 말아요. 만일 두 사람이 아무 관념도 가지고 있지 않다면 아무리 현명한 사람들이라 할지라도 서로 할 말이 없을 거예요.

이것은 심오한 관념을 이해하고 유지하는 법에 관한 이야기가 아니에요. 오히려 관념과 생각을 없애는 것에 관한 이야기이고, 그로 인해 더 완벽해지고 만족감을 얻을 수 있다고 설명하는 것이에요.

나스루딘이 이 이야기를 알고 있었다면 아마 어두운 현관 앞에 기꺼이 남아 있었을 거예요. 어쩌면 현관문을 항상 열어두기 때문에 사실은 처음부터 열쇠를 찾을 필요가 없다는 사실을 깨달았을지도 모르지요.

생각의 틀을 넘는 것을 이야기한 철학자들

나스루딘은 열쇠를 찾기 위해 어둠 속으로 들어가는 것을 꺼려했어요. 하지만 나스루딘과 달리 과감하게 어둠 속으로 들어가 생각의 틀을 뛰어넘는 의지를 보여준 사람이 있어요. 바로 예수예요. 생각의 틀을 과감히 뛰어넘은 예수의 선택은 대단히 충격적이에요. 그는 십자가에 못 박히는 고통을 순순히 받아들였으니까요. 예수가 십자가에 못 박히는 것은 어둠 속으로 들어가는 여정이라고 할 수 있어요. 성경에는 이 어둠이 '그때가 대략 여섯 시였고, 그 후로 어둠이 온 땅을 덮으며 아홉 시까지 계속되었다'라고 묘사됐어요. 티치아노 베첼리오Tiziano Vecellio라 알려진 이탈리아 화가는 예수가 십자가 위에서 바닥에 놓인 해골을 내려다보는 모습을 그림으로 그렸어요. 유명한 이 그림은 어둠 속으로 들어가는 예수의 모험이 어떤 의미인지 보여주고 있지요. 그것은 생각의 틀을 깨는 모험이었어요.

일본 철학자 다나베 하지메田邊元는 철학이란 논리의 문제도 아니고, 논쟁이나 토론을 벌이는 것도 아니라고 생각했어요. 심지어 철학은 기발한 생각을 떠올리는 것과도 상관없어요. 다나베가 생각하는 철학은 우리 자신의 존재를 밝혀주는 것이었어요. 우리가 원래 가진 생각의 틀과 자아 감각은 아주 작고 제한적이에요. 좁은 생각의 틀과 자아를 뛰어넘으려면 자기 자신에게만 의존할 수는 없어요. 이때 다나베는 다른 힘을 수용하는 자세, '타력他力'을 강조했어요. 우리는 다른 힘을 받아들일 줄 알아야 해요. 그래서 다나베는 우리가 스스로 자아를 놓아줄 때 진정한 자아에 다가가게 된다고 했어요.

모리아티는 나스루딘의 이야기가 마음속의 제한적인 빛 안에서 신을 찾는 일처럼 덧없는 행동이라는 것을 보여준다고 말했어요. 그는 나스루딘으로 비유되는, 신을 찾는 사람은 직접 어둠 속으로 들어가야 한다고 해요. 왜 어둠 속으로 들어가야 하는지 이해를 돕기 위해 모리아티는 자신의 경험을 하나 들려줬어요. 그는 어느 날 밤 부엌에 불을 켜기 위해 반대편 문 옆에 있는 전등 스위치 쪽으로 걸어갔어요. 부엌을

가로지르는 동안 창문 너머로 달빛이 비치는 바다를 보았어요. 모리아

티는 불을 켜고 탁자로 돌아와 앉았어요. 실망스럽게도 더 이상 바다

를 볼 수 없었어요. 부엌의 환한 불빛이 오히려 바다를 가려버렸지요.

모리아티는 다시 불을 끄고 탁자에 앉았어요. 그러고는 몇 시간 동안

달빛이 비치는 바다를 보았어요. 모리아티는 별거 아닌 그날의 경험을

통해 인간의 마음은 창이 아니라 오히려 앞을 가리는 장막과 같다고

생각하게 되었답니다.

앞에서 잠깐 살펴본 물고기와 그물을 이야기한 도교 이야기처럼 한스

게오르크 묄러도 생각한다는 것은 물고기나 토끼를 잡거나 피자를 먹

는 행위와 같다고 말했어요. 피자는 먹고 나면 더 이상 손에 들고 있

을 수 없죠. 피자를 먹고 싶은 욕구도 피자가 사라지면서 함께 사라져

요. 도교에서 말하는 생각에 대한 욕구도 생각을 다 써버리거나 더 이

상 생각하지 않으면 사라지게 된다고 해요. 결국 도를 이해한다는 것

은 도에 대해 아무 생각도 하지 않는다는 뜻이에요.

앞으로 1년 뒤에
당신의 목을 내놓으시오

크리스마스를 경축하고 새해를 맞이하는 기념으로 아서왕과 원탁의 기사들이 카멜롯의 거대한 연회장에 모였어요. 웃음소리가 사방에 가득했고 기사들은 따뜻하고 끈끈한 동지애에 흠뻑 젖어 있었어요.

기사와 부인들이 떠들썩하게 연회를 즐기고 있을 무렵 갑자기 연회장 입구가 어두워졌어요. 마치 지하 세계에서 올라온 듯한 어둠으로 인해 연회장은 순식간에 고요해졌어요. 거대한 몸집의 유령 같은 인물이 말을 탄 채 요란한 소리를 내며 등장했어요.

머리부터 발끝까지 밝은 녹색 옷을 입은 기사가 말에서 내렸어요. 녹색 기사는 아서왕과 기사들 앞에 단두용 도끼를 내려놓았어요. 그는 말했어요. "여기, 내 목을 한 번 내리치고 1년 후 녹색 교회에서 나와 똑같이 목을 내밀 사람 없소?"

기사들은 아무 말도 하지 못하고 가만히 앉아 있었어요. 이런 식의 도전은 한 번도 받아본 적이 없었어요. 아서왕은 이러다 카멜롯의 명성이 위태로워지겠다고 판단하고 도전을 받아들이겠다고 말했어요. 그러자 기사 한 명이 앞으로 나섰어요. 왕의 목숨이 위험해지는 것을 보고만 있을 수 없던 가윈 경이 대신 도끼를 집어 들었고, 수월하게 녹색 기사의 목을 내리쳤어요.

녹색 기사는 일어나서 잘린 머리를 집어 들고 말을 타고 사라졌어요. 시간이 흘러 거의 1년이 다 되어가자 가윈 경은 녹색 교회를 향해 길을 떠났어요. 교회를 찾아 거친 황야와 숲을 지났어요. 쉬지 않고 계속 말을 타고 달리던 중 아름다운 성을 보게 되었어요.

처음 성을 봤을 때의 느낌 그대로 성주 버틸락과 그의 부인은 가윈 경을 따뜻하게 맞아주었어요. 가윈 경은 여기까지 오게 된 이유를 설명했어요. 녹색 교회까지 가는 길을 잘 아는 성주와 부인은 가윈 경에게 이곳에서 하루나 이틀 정도 묵고 가라고 말했어요.

버틸락은 가윈 경을 사냥에 데리고 가서 멋진 여우 가죽을 선물로 줬고, 버틸락 부인은 마법의 힘을 지닌 벨트를 줬어요. 벨트를 찬 사람은 칼이나 도끼를 맞아도 손끝 하나 다치지 않고 무사하다고 해요. 가윈 경은 망설이다가 마지못해 부인의 선물을 받았어요.

3일이 지나 가원 경은 버틸락 성주 부부의 도움으로 다시 녹색 교회로 떠났어요. 용과 늑대가 지배하는 무시무시한 늪과 숲을 지나 드디어 녹색 교회에 도착했어요. 그곳에서는 녹색 기사가 단두용 도끼를 준비하고 그를 기다리고 있었어요. 가원 경은 도끼 앞에 목을 내밀었어요. 그러나 도끼 그림자가 머리 위에 드리워진 것을 보고 그만 뒷걸음치고 말았어요. 가원 경의 모습에 녹색 기사는 화가 났지만 다시 기회를 줬어요. 그러나 두 번째 시도에서 녹색 기사의 도끼는 가원 경의 목을 스치기만 했답니다.

가원 경은 도전에서 살아남은 것이 기뻤어요. 하지만 그 기쁨도 잠시뿐이었죠. 녹색 기사는 실은 자기가 버틸락 성주인데 변장을 하고 있었다고 설명했어요.

"나의 무서운 겉모습은 여자 마법사가 만들어낸 환영이오. 그대는 나의 부인이 준 벨트를 받았고 지금 그걸 차고 있소. 그대가 본인의 목숨을 구하려고 한 순간 이미 내가 제시한 도전에 실패한 것이오. 만약 도전에 성공했다면 상상도 할 수 없는 모험으로 가득 찬 삶이 그대를 기다리고 있었을 것이오. 안타깝지만 그대는 기회를 놓쳤소."

가원 경은 수치심에 고개를 숙인 채 카멜롯으로 돌아갔어요. 녹색 교회에서 자신에게 주어진 기회를 가원 경은 놓치고 말았죠. 하지만 이것이 끝은 아니에요. 녹색 기사의 도전을 받아들일 수 있는 용기가 있

는 사람에게는 언제나 기회가 기다리고 있어요.

(이 이야기는 톨킨J. R. R. Tolkien이 쓴 『녹색 기사 이야기』를 바탕으로 한 것이에요.)

자기 자신을 내놓을 용기

겉보기에 이 이야기는 녹색 기사가 원탁의 기사들에게 도끼로 머리를 내리치는 게임을 하자고 도전장을 내미는 내용이에요. 녹색 기사는 가 윈 경이 자신의 머리를 내리칠 때 전혀 움찔거리지 않았어요. 하지만 가윈 경은 정반대였죠. 가윈 경은 뒷걸음쳤을 뿐만 아니라 도끼로부터 몸을 보호해주는 마법의 벨트를 차고 있었어요. 결국 가윈 경은 게임 에서 졌고 부끄러워하며 녹색 교회를 떠났어요.

가윈 경의 이야기는 우리가 자아를 극복하려고 애쓸 때 부딪히는 어 려움을 설명해요. 여러분이 녹색 교회를 찾아가는 길에, 다시 말해 자 기 자신을 극복하기 위한 여정 중에 내적 갈등을 겪게 되면 어려움을 느낄 수 있어요. 마음 한편에서는 자기 자신을 붙잡고 놓지 않으려고 할 거예요. 그러나 자아는 비어 있는 것이고 실재가 아니에요. 이런 내 적 갈등은 녹색 기사와 가윈 경을 통해 생생히 드러나요. 녹색 기사는 자아에 집착하지 않았기 때문에 머리가 잘려나가도록 내버려뒀어요.

그러나 가윈 경은 자아를 단단히 붙잡고 있었기 때문에 도끼 앞에 머리를 가만히 내밀기가 무척 어려웠던 거예요.

가윈 경이 버틸락 부인의 벨트를 받지 않았다면 어떻게 됐을지 상상해보세요. 아무 보호 장비 없이 녹색 기사를 찾아가는 가윈 경의 모습을 떠올려봐요. 자신의 머리가 잘리는 상황을 막을 수 없다는 것을 알면서도 도끼 앞으로 걸어가는 가윈 경의 모습을 그려보세요. 한 발 한 발 도끼 앞으로 걸어갈 때 기분이 어떨까요?

가윈 경은 도끼 앞으로 걸어가면서 차가운 아침 공기 속에 내뿜어지는 자신의 숨결을 보게 될 거예요. 자신의 숨이 점점 깊어지고 느려지고 있다는 것도 알아차리겠죠. 무성하게 자란 젖은 풀 사이로 걸어가면서 자신의 발소리에 귀를 기울일 거예요. 두 손과 무릎을 바닥에 대고 단두대 사이로 목을 내민 뒤, 단두대 가장자리로 턱을 집어넣어요. 녹색 기사의 도끼를 기다리는 동안 숲속 나무들이 자기를 지켜보고 있는 것이 느껴져요. 머리 위로 까마귀가 깍깍 우는 소리가 들려와요. 가윈 경은 녹색 기사가 도끼로 깔끔하게 칠 수 있도록 목을 최대한 길게 빼요. 그리고 산처럼 꿈쩍하지 않아요. 그가 마지막으로 본 것은 머리 위로 높이 치켜든 날이 시퍼런 도끼의 어렴풋한 광채예요. 그가 마지막으로 들은 것은 재빠르게 목을 내리치면서 나는 도끼 소리예요.

가윈 경이 그에게 주어진 시험을 성공적으로 통과했다면 이야기는

236

어떻게 달라졌을까요? 가윈 경이 기꺼이 자아를 포기했다면 얼마나 많은 새로운 모험이 시작되었을까요?

비록 가윈 경은 실패했지만 자아를 완전히 포기할 수 있는 다른 사람에게 기대를 걸어볼 수도 있지 않을까요? 그런 사람은 어떤 인물일까요?

자아 극복을 이야기한 철학자들

부처는 아주 오랜 세월 자아에 집착하면서 살다가 마침내 자아에 대한 모든 생각을 버릴 수 있게 되었어요. 부처는 궁극의 깨달음을 이렇게 묘사했어요.

생을 거듭하며

세상 속에 태어난 나는 찾아 헤매었다.

하지만 찾지 못했다.

이 집을 지은 사람을.

내가 찾은 것은

반복되는 생의 고통이었다.

집을 지은 사람, 나는 지금 그대가 보인다.

그대 다시는 집을 짓지 않으리라.

이제 서까래는 다 부서졌고

마룻대도 부서졌으니

그것을 이루는 마음이 사라지고

욕망의 끝에 이르렀다.

페르시아의 시인 잘랄 아드딘 루미Jalāl ad-Dīn Rūmī는 한 방울의 물에 지나지 않는 자아를 버리고 진주가 가득 찬 바다를 얻으라고 말했어요.

들어보세요, 물방울이여.

후회 없이 자신을 버리고

그 대가로 바다를 얻으세요.

들어보세요, 물방울이여.

그 영광을 자신에게 안겨주고

바다의 품 안에 안전하게 머무세요.

정말로 누가 그렇게 운이 좋을까요?

물방울을 얻으려 하는 바다!

제발 신의 이름을 걸고 말하건대

즉시 교환하세요!

물방울을 내어주고,

진주가 가득 찬 바다를 얻으세요.

니체는 '나'라는 말이 내포하는 의미를 설명한 책을 썼어요. 그는 사람들이 '나'라는 말을 사용할 때 이를 아주 자랑스러워한다고 말했어요. 그런데 '나'는 누구일까요? '나'는 무엇이고 '나'의 이면에는 무엇이 있을까요? 니체는 '나'의 이면에 있는 것은 신이 아니라 몸과 큰 이성Great reason이라고 믿었어요. 우리의 몸은 더 큰 자아이며, 생각과 감정 뒤에 거주하는 강력하고 현명한 지휘관이에요.

가윈 경과 녹색 기사 이야기로 다시 돌아가볼게요. 가윈 경이 마법의 벨트를 차고 있는 것에 대해 모리아티는 인간이 생각의 틀에 여전히 갇혀 있고 자아에 집착하고 있다고 설명했어요. 그리고 가윈 경이 녹색 교회에서 도전에 실패한 것은 우리가 좁은 자아와 제한적인 생각의 틀을 과감하게 벗어나지 못한 것과 같다고 말했어요. 진정한 철학자로 인정받으려면 아무 보호 장비 없이 기꺼이 머리를 도끼 앞에 내놓을 수 있어야 한다고도 덧붙였지요.

세상에서
가장 아름다운 곳

어느 날 밤 부족의 수장이자 위대한 전사인 브란이 이전에는 한 번도 한 적이 없는 일을 했어요. 그는 성대한 연회가 한창일 때 자리에서 일어나 요새 밖으로 걸어나갔어요. 요새가 시야에서 사라질 때까지 계속 걸었어요. 그는 어느새 어두운 숲속에 들어와 있었어요.

숲의 어둠과 적막감에 브란은 겁이 났어요. 전쟁터에서도 겁을 먹지 않는 그였지만 늦은 밤 숲속에 혼자 있다는 데 큰 불안감을 느끼게 되었어요.

그때 아주 이상한 일이 벌어졌어요. 다른 세상에서 울려 퍼지는 듯한 음악 소리가 들렸어요. 더 이상한 것은 그 소리가 은색 나뭇가지에서 흘러나온다는 사실이었어요. 브란은 나뭇가지를 자세히 살펴봤어요.

알고 보니 나뭇가지가 소리를 만들어내는 것이 아니었어요. 나뭇가지 자체에서 흘러나오고 있었어요.

음악 소리에 귀를 기울이면서 브란은 자기 자신이 사라지는 기분이 들었어요. 사라지는 기분이 들수록 패배감도 커졌어요. 브란은 전쟁터에서 단 한 번도 패배를 맛본 적이 없어요. 그런데 혼자 숲에 서서 다른 세상에서 들려오는 듯한 음악을 듣고 있자니 이제껏 전투에서 거둔 모든 승리가 아주 보잘것없이 느껴졌어요.

갑자기 음악이 멈췄어요. 브란은 정신을 차리고 다시 안전한 요새로 돌아갔어요. 연회 분위기가 한창 무르익었을 때 브란은 혼자 조용히 앉아 있었어요. 그는 익숙하지 않은 일을 하고 있었어요. 바로 혼자만의 사색을 한 거예요.

갑자기 사방이 조용해졌어요. 고요함이 연회장 전체를 뒤덮었어요. 브란은 고개를 들었어요. 다른 세상에서 온 듯한 아주 아름다운 여인이 눈앞에 서 있었어요. 그 여인은 자기가 살고 있는 세상의 경이로움에 대해 노래하기 시작했고, 브란을 다른 세상으로 초대했어요.

다음 날 아침 브란은 여인이 노래한 경이로운 세상을 찾아 부하들과 함께 항해를 떠났어요. 별다른 성과 없이 힘든 항해를 이어간 지 사흘 밤낮이 지나자 변화가 생겼어요. 잿빛이었던 바다의 색과 지독한 소금 냄새가 옅어지기 시작했지요.

이제 그들은 맑은 바다 위를 항해하게 되었어요. 바다의 소금 냄새는 양귀비가 가득 찬 초원과 여름 들판의 냄새로 바뀌었어요.

브란과 부하들이 경이로운 바다를 지나고 있을 때 바다의 신 마난난이 네 마리 말이 이끄는 전차를 타고 다가왔어요. 전차가 가까워지자 마난난이 흥겹게 노래를 부르는 소리가 들려왔어요. 브란은 은색 나뭇가지에서 나오는 음악을 들었을 때처럼 다시 자기 자신이 사라지는 듯한 기분이 들었어요.

마난난은 여러 노래를 불렀지만 브란과 부하들은 오직 몇 구절만 떠올릴 수 있었어요. 그들은 보고 들은 것에 완전히 넋을 잃고 말았던 거예요. 그래도 마난난이 노래했다는 것은 기억했지요.

맑은 바다 위로 브란,
그대는 부서지는 파도를 보고 있고
나는 이 모험의 평원에서
완벽하게 빨간 꽃송이를 보고 있네.

마난난이 노래를 끝마쳤을 때 브란과 부하들은 더 이상 신을 볼 수 없었어요. 그뿐만이 아니에요. 바다는 다시 칙칙한 잿빛으로 변했고 소금 냄새는 이전보다 강해졌어요. 브란은 부하들에게 배를 돌려 고향으

244

로 돌아가자고 신호를 보냈어요.

결국 브란은 신비로운 여인이 보여준 경이로운 세상은 다름 아닌 그가 살고 있는 곳이라는 사실을 깨닫게 되었어요. 브란은 그저 눈을 더 크게 뜨고 주변의 경이로운 것들을 보기만 하면 되는 거였어요.

(이 이야기는 제라드 머피Gerard Murphy가 쓴 『아일랜드 초기 서정시』에 실린 시와 모리아티의 『아일랜드를 떠올리며』를 바탕으로 한 것이에요.)

한 알의 모래에서 우주를 본다는 것

이 이야기에서 브란은 새로운 시각으로 세상을 보게 되었어요. 그런데 본다는 것은 무엇일까요? 세상을 보는 눈을 흐리게 만드는 것은 무엇일까요? 우리는 다른 사람을 보는 시선과 세상을 바라보는 방식을 바꿀 수 있을까요?

머릿속에서 일어나는 온갖 생각과 우리의 마음을 달래주는 여러 가지 기호품과 생활 방식을 떠올려보면 세상을 보는 눈은 흐려질 수밖에 없어요. 스마트폰, 태블릿 PC, 텔레비전 등에 더 많은 시간을 뺏기고 있는 현실 속에서 주변 세상을 둘러보는 시간이 점점 줄어들고 있어요. 바로 인접한 주변을 보고 살피는 것조차 거의 도전에 가까운 일이 되었어요.

세상을 다른 시각으로 볼 수 있게 되기까지 브란은 숲속에서 불안에 떨고, 다른 세상에서 온 아름다운 여인을 만나고, 바다의 신이 부르는 노래를 들었어요. 이 모든 것을 겪은 후에야 본다는 것이 순수하게 경이로운 일이 되었지요.

여러분에게 보는 일은 순수하게 경이로운 일인가요? 세상을 보는 여러분의 시야는 좁은가요, 아니면 넓은가요? 만일 사물을 보는 시야가 좁다고 생각된다면 시야를 넓히기 위해 무엇을 해야 할까요?

물론 영국의 시인 토머스 트러헌Thomas Traherne과 윌리엄 블레이크처럼 매우 넓은 시야를 가진 사람들도 있어요. 우리는 그런 사람들로부터 무언가를 배울 수 있을 거예요.

어쩌면 베르나르두 소아레스(페르난두 페소아)의 상상의 눈을 통해 우리는 다른 시각으로 세상을 보는 법을 배울 수 있을지도 몰라요. 베르나르두 소아레스는 매우 비범하게 세상을 볼 줄 알았어요. 아주 평범한 것을 살피고 그것에 주의를 기울이면 온 세상이 그의 눈앞에 펼쳐졌어요. 그는 어느 날 리스본에서 전차를 탔을 때도 그런 경험을 했어요. 초록색 원피스를 입은 한 소녀가 소아레스 앞에 앉아 있었어요. 소아레스는 소녀가 입은 원피스의 옷감과 바느질 상태를 살펴보았어요. 원피스에 섬세한 자수가 수놓아져 있었고 옷깃 가장자리가 장식된 것이 보였지요. 더 자세히 보니 자수와 바느질 모두 비단 실로 처리되었다는 것을 알 수 있었어요. 그런데 갑자기 공장과 작업장의 모습이 눈앞에 나타나지 않겠어요? 천을 만드는 공장과 짙은 색 비단 실을 뽑아내는 공장 그리고 원피스를 만드는 데 필요한 기계와 일꾼, 재봉사들이 보였어요.

안쪽으로 시선을 튼 소아레스는 공장 내부에 있는 사무실을 볼 수 있었어요. 사무실 안의 바쁜 관리자들이 보였고, 모든 것이 회계 장부에 기록되는 과정도 지켜봤어요. 그뿐만이 아니었어요. 공장에서 일하는 사람들이 집에서 일상생활을 하는 모습도 볼 수 있었어요. 소아레스는 그 사람들의 사랑과 비밀, 영혼까지 느낄 수 있었어요. 한 소녀의 원피스에 수놓인 자수를 살펴봤을 뿐인데 이 모든 것이 소아레스의 눈앞에 나타난 거예요. 눈앞에 펼쳐지는 것을 보고 나서 소아레스는 전차에서 내렸어요. 현기증이 나고 마치 생을 다 산 것 같은 기분이 든 채로 말이죠.

세상을 보는 눈을 이야기한 철학자들

토머스 트러헌은 영국의 시인이자 작가예요. 그는 거리의 먼지와 돌멩이도 금처럼 귀중한 것으로 보였던 순간을 묘사했어요. 거리에 줄지어 서 있는 초록색 나무들은 신비로운 멋이 있었고 나무 위에서 노는 꼬마들은 움직이는 보석처럼 보였어요. 특별했던 그날, 트러헌은 평범한 일상 속에서 영원을 경험했어요. 그 도시의 거리는 트러헌에게 마치 천국처럼 느껴졌어요. 트러헌은 넓은 시야로 세상을 보는 경험을 통해 환희를 느꼈죠. 동시에 교육과 문화 같은 속세의 장치들이 천국을 보는 눈을 훼손시킨다는 것도 알게 되었어요.

윌리엄 블레이크는 지각의 문을 깨끗이 닦아내면 모든 것이 인간에게 있는 그대로 무한히 나타날 것이라는 유명한 말을 남겼어요. 블레이크는 사람마다 사물을 보는 시각이 얼마나 다른지 이야기했어요. 나무를 볼 때 어떤 사람은 기쁨의 눈물을 흘리는 반면, 어떤 사람은 그저 길 위에 서 있는 녹색의 사물로만 인식할 거예요. 블레이크는 각 사람마다 가진 다른 시각과 더불어 이를 형성하는 데 필요한 상상력의 중요성을 강조했어요. 그는 상상력이 풍부한 사람에게 자연은 상상 그 자체라고 생각했어요.

니체는 세상을 보는 기술을 아주 잘 아는 선생님이었어요. 그는 세상을 보는 법을 배울 수 있다고 믿었고, 그에 관한 책도 썼어요. 이는 세상을 잘 보는 일이 저절로 되지 않는다는 뜻이에요. 잘 보기 위해서는 노력과 세심함이 필요해요. 니체는 날카롭고 넓은 시각을 가지기 위해 침착함과 인내심으로 눈을 길들일 필요가 있다고 주장했어요. 우리는 우리가 보는 것을 판단하지 말고 사물이 우리에게 스스로 나타나도록 허용해야 해요. 우리의 눈은 공손해지는 법을 배울 필요가 있어요. 니체는 우리의 눈이 개별적인 사건을 다각도로 살피고 이해하는 습관을 가져야 한다고 말했어요. 무언가를 볼 때 되도록 다양한 각도와 시점에서 봐야 한다는 의미예요.

본다는 것의 본질에 관해 메를로퐁티는 "보는 것만 보인다"라는 간단하면서도 아주 예리한 말을 남겼어요. 곰곰이 생각해볼 만한 말이에요. 우리가 깨어 있는 동안 느끼고 경험하는 모든 생각과 기억, 기분을 헤아려 보면 세상을 제대로 본다는 것은 참 어려운 일이에요. 앞에서도 언급했듯이 다양한 기계 화면에 시선을 고정하고 보내는 시간이 늘어날수록 주변 세상을 살피고 이해하는 능력은 떨어지게 돼요.

인간도 운다는 사실을
몰랐던 들소 떼 이야기

인간과 동물이 서로의 생활 방식을 알고 존중하던 시절, 미국 서부에 블랙풋 원주민 부족이 살고 있었어요. 그들은 세상에 두려울 것이 없는 용감한 부족이었어요. 그러던 어느 해 아주 이상한 일이 생겼어요. 들소가 더 이상 잡히지 않기 시작했어요.

몇 달 동안 들소들은 블랙풋 부족이 놓은 덫과 함정을 요리조리 피해 다녔어요. 사냥을 하지 못한 부족 사이에서 기근이 퍼졌어요. 음식이 부족해 노인들이 죽기 시작했고, 부족 전체가 큰 슬픔에 빠졌어요. 그들은 모두 굶어 죽을지도 모른다는 두려움에 떨었어요.

그런 끔찍한 상황을 호전시키려면 무엇인가 특별한 일이 일어나야만 했어요. 그리고 실제로 그런 일이 일어났어요. 어느날 밤 블랙풋 부족의 한 소녀는 거대한 존재가 자신의 꿈을 꾼다는 것을 느꼈어요. 꿈을 꾸는 것이 산인지 대초원인지 아니면 들소인지 소녀는 알지 못했어요. 하지만 자기가 그 꿈을 받아줘야 한다는 것을 본능적으로 알고 있었어요.

소녀는 들소 가죽 담요를 걷고 일어나 천막 밖으로 나갔어요. 그리고 대초원으로 걸어갔지요. 초원에는 들소 무리가 보였어요. 소녀는 들소를 향해 소리쳤어요. "우리 부족이 너희를 사냥할 수 있게 해주면 내가 너희의 대장에게 시집갈게."

소녀가 간신히 이 말을 내뱉자 들소 무리가 소녀를 향해 돌진해왔어요. 들소들은 한달음에 달려와 블랙풋 부족이 설치한 덫에 빠져주겠다고 했어요.

블랙풋 부족은 다시 식량을 얻게 되어 무척 기뻤어요. 배부르게 식사한 사람들이 각자의 천막으로 돌아갔을 때 커다란 수컷 들소가 소녀의 앞에 나타나 말했어요. "우리는 네 부탁을 들어주었어. 이제 네가 약속을 지킬 차례야. 나의 각시가 되어줘." 소녀는 무서웠지만 약속을 지켰어요.

이튿날 아침 소녀의 아버지는 딸이 사라진 것을 알았어요. 그는 최면술을 이용해 대초원에 대장 들소와 함께 있는 딸을 볼 수 있었어요. 아버지는 딸을 찾아 대초원으로 달려갔어요. 한참을 찾아다니다 잠시 쉬기 위해 들소들이 물을 마시는 연못가에 앉았어요. 그때 까치 한 마리가 옆에 내려와서 먹이를 찾기 시작했어요.

"정말 멋진 까치가 다 있네!" 소녀의 아버지가 말했어요.

"네, 제가 그렇죠." 까치가 대답했어요.

"나는 네 도움이 필요하단다." 소녀의 아버지가 말했어요. "내 딸이 대초원 어딘가에 들소 한 마리와 함께 있는데, 네가 찾아서 아버지가 연못에서 기다리고 있다고 말해줄 수 있겠니?"

까치는 기꺼이 그를 도왔어요. 초원 위로 높이 날아올라 금방 소녀를 찾아냈지요. 마침 들소가 잠을 자고 있었기 때문에 까치는 소녀에게 다가갈 수 있었어요. 까치는 소녀에게 속삭였어요. "여기에서부터 남쪽으로 1.5킬로미터 정도 떨어진 연못에서 아버지가 너를 기다리고 있어."

"쉬……." 소녀는 잠자는 들소를 가리키며 속삭였어요. "기회를 보고 가도록 할게." 까치는 부탁받은 일을 마치고 소녀의 아버지에게 돌아와 말을 전했어요.

그때 잠에서 깬 들소는 목이 무척 말랐어요. 소녀는 들소의 머리에서 큰 뿔을 꺼내 물을 길으러 연못으로 갔어요. 소녀의 아버지는 딸을 보자 무척 기뻤어요. 그리고 당장 집으로 돌아가자고 고집했어요.

"안 돼요. 안 돼." 소녀가 소리쳤어요. "목이 마른 들소가 저만 기다리고 있을 거예요. 빨리 돌아가지 않으면 뒤쫓아 와서 우리를 죽일 거예요."

소녀는 뿔에 물을 채우고 다시 들소 무리가 있는 곳으로 돌아갔어요. 그리고 남편에게 뿔을 건넸어요. 뿔을 받아든 대장 들소는 코로 냄새를 맡아 보았어요. 뿔에서 다른 사람의 냄새가 나자 들소는 으르렁거리기 시작했어요. 그다음에는 땅에 대고 발을 구르기 시작했어요. 그러자 들소 무리 전체가 그를 따라 발을 굴렀어요.

들소 무리는 대초원을 가로질러 연못으로 달려갔어요. 소녀의 아버지가 그곳에 앉아 있는 것을 발견하고는 형체가 남지 않을 정도로 그를 밟아 뭉개버렸어요. 연못에 도착한 소녀는 울면서 땅에 쓰러졌어요. 그 모습을 본 대장 들소는 무척 놀랐어요.

"인간이 울기도 하는구나!" 들소는 인간이 눈물을 흘린다는 사실을 몰랐어요. 소녀가 안쓰러워진 대장 들소는 이렇게 말했어요.

"우리도 큰 슬픔을 느낀단다. 너희 인간이 우리 들소를 잡아 죽일 때 말이야. 사냥꾼 인간이 우리의 아버지, 어머니, 형제자매, 자식을 죽일 때마다 지금의 너만큼 슬펐어. 어쨌든 오늘 놀라운 사실을 하나 알았어. 우리가 느끼는 것을 인간도 똑같이 느낀다는 사실을 말이야."

들소 무리 사이에서 깊은 침묵이 흘렀어요. 침묵을 깨고 대장 들소가 말했어요. "만약 네가 네 아버지를 다시 살릴 수 있다면 두 사람 모두 돌려보내줄게. 그리고 우리가 줄 수 있는 가장 큰 선물을 주지. 우리 들소의 노래와 춤 말이야."

소녀는 까치에게 아주 작은 조각이라도 좋으니 아버지 몸의 일부를 찾아달라고 부탁했어요. 까치는 흔쾌히 소녀의 부탁을 들어줬어요. 작은 뼛조각이라도 찾기 위해서 땅 여기저기를 파고 또 팠어요. 드디어 등뼈 조각 하나가 나왔어요. 까치는 그것을 소녀의 손 위에 떨어뜨렸어요.

소녀는 뼛조각을 땅에 내려놓고 걸치고 있던 들소 가죽 담요를 그 위에 덮었어요. 그리고 노래를 부르기 시작했어요. 노래는 작은 소녀가 아닌 대초원 너머, 심지어 은하수 너머에서 흘러나왔어요. 위대한 힘이 소녀의 입을 통해 쏟아져 나왔어요. 소녀가 담요를 들어 올렸어요. 그곳에는 아버지가 누워 있었어요. 옷도 모두 갖추어 입고 살아서 숨 쉬고 있었지요.

대장 들소는 깜짝 놀랐어요. 그는 약속을 지키기로 했어요. 그리고 이렇게 말했지요. "아버지를 다시 살렸으니 너희 부족으로 되돌아가는 걸 허락하겠어. 떠나기 전에 우리의 노래와 춤을 보고 가. 우리가 주는 귀중한 선물이야."

들소들은 대초원으로 넓게 흩어졌어요. 그런 다음 노래를 하고 춤을 췄어요. 춤과 노래는 느렸어요. 매우 느리고 오묘해서 거대한 산과 별들이 노래 속으로 들어와 들소와 함께 춤추는 것처럼 느껴졌어요. 들

소들은 밤새 노래를 부르고 춤을 췄어요. 블랙풋 부족의 남자와 소녀에게 그들의 신비로운 생활 방식을 가르치는 춤이었지요. 마침내 노래와 춤이 끝나자 대장 들소가 말했어요.

"이제 우리 들소의 춤과 노래를 알겠지. 이 노래를 부르고 춤을 출때마다 너희는 우리의 형제가 되는 거야. 너희 인간에게 우리가 식량으로써 필요하다 할지라도 우리는 서로를 해치지 않을 거야."

소녀와 아버지는 마침내 집으로 돌아올 수 있었어요. 그리고 블랙풋 부족은 들소에게 배운 것을 통해 낡은 방식을 버리고 새로운 방식으로 살아가게 되었지요.

(이 이야기는 조지프 캠벨이 쓴 『신의 가면: 원시 신화』의 내용을 바탕으로 한 것이에요.)

내 안에 살아 숨 쉬는 동물적 본성

이 이야기는 블랙풋 부족이 들소 춤을 추게 된 사연을 설명하고 있어요. 들소 춤은 지금도 해마다 많은 부족 사이에서 행해지는 축제 행사 중 하나예요. 축제는 보통 들소 떼가 먹이를 찾아 초원으로 이동했다가 돌아오는 시기에 열려요. 춤을 출 때 남자는 들소 가죽이나 다른 동물 가죽을 몸에 걸친답니다.

미국 원주민은 들소를 통해 고기도 얻고 가죽으로 옷과 집도 짓곤 해요. 그래서 들소는 그들에게 없어서는 안 될 동물이에요. 들소는 해마다 초원으로 이동했다가 돌아오곤 하는데, 원주민은 들소가 반드시 돌아오기를 기원하면서 들소 춤을 췄어요.

이야기를 통해 우리는 블랙풋 부족이 어떻게 동물인 들소와 친구가 되었는지 알 수 있어요. 인간 내면의 동물적 본성을 받아들이는 법을 배움으로써 블랙풋 부족은 들소나 다른 야생 동물과 친구가 될 수 있었어요. 이와 같은 블랙풋 부족의 확장된 의식을 가리켜 모리아티는 '우리 의식'이라고 불렀어요. 이 의식을 통해 인간은 '우리와 그들'로 분리하던 기존의 의식을 뛰어넘을 수 있어요. 다시 말해 인간과 동물의 경계를 뛰어넘는 것이 가능해진다는 뜻이에요.

우리 의식이 현대 사회에서도 가능할까요? 동물들이 인간의 통제에서 벗어나 자유롭게 살 수 있게 될까요? 인간과 동물이 서로 평화롭게 공존할 수 있을까요? 만약 그럴 수 있다면 동물과 인간이 공존하는 세상은 어떤 모습일까요?

인간을 떠난 동물을 다시 돌아오게 하려면 우선 우리 스스로 자신의 모습과 조화를 이뤄야 해요. 이 말인즉, 우리 자신의 동물적 본성과 타협해야 한다는 의미예요. 영국 작가 토머스 브라운은 동물적 본성이

258

우리 안에 매우 뚜렷이 살아 있다고 주장했어요. 이것은 코끼리, 호랑이, 사자, 기린, 영양 등을 포함해 대륙의 방대하고 화려한 동물이 우리 내면에 계속 살고 있다는 것을 의미해요. 우리는 모두 마음속에 세렝게티(많은 야생 동물이 살고 있는 아프리카 탄자니아의 대초원이에요-옮긴이)를 품고 있어요.

그러니까 여러분 안에는 아주 많은 것이 살고 있어요. 때로는 이 사실을 받아들이기 어렵고 두려울 거예요. 그렇지만 여러분 삶을 매우 풍요롭고 즐겁게 만들어주는 것이기도 해요.

동물적 본성을 이야기한 철학자들

미국 인디언의 창조신 나피Napi는 장난을 좋아하는 할아버지 신이에요. 인간의 동물적 본성을 받아들이는 것과 관련해 할아버지 신은 인상적인 조언을 남겼어요. "이제 너 자신을 극복했다면 잠을 자러 가라. 잠에서 힘을 얻을 것이다. 꿈에 무엇인가 나타날 것이고, 그것이 너를 도울 것이다. 꿈에서 너에게 다가온 동물이 무엇을 요구하든 시키는 대로 해야 한다. 도움이 필요한데 혼자 표류하고 있다면 도와달라고 외쳐라. 그러면 무엇인가 너의 외침에 대답할 것이다. 그것이 독수리일 수도 있고 들소나 곰일 수도 있다. 너의 소원을 들어주는 동물이 무엇이든 상관없이 그것의 말에 귀 기울여야 한다." 할아버지 신의 말은 자연 속 동물과 인간 내면의 동물적 본성이 우리가 이 세상에서 잘 살아갈 수 있도록 기꺼이 도와줄 것이라는 희망을 전하고 있어요.

체코에서 태어난 시인이자 소설가 라이너 마리아 릴케Rainer M. Rilke는 인간 내면에 있는 '사자'에 대해 이야기했어요. 릴케에 따르면 우리는 사자를 길들이는 조련사가 아니에요. 다만 어느 날 문득 느끼게 된다고 했어요. 언제, 어떻게 사자들과 그토록 놀라운 화해를 했는지 깨닫지 못한 채 사자 옆에서 의기양양하게 걷고 있을 거라고 했어요.

니체는 과거 동물과 인간이 공존하던 세계가 여전히 자신 안에 존재한다는 것을 깨달았어요. 칼을 버리고 미로로 들어간 테세우스처럼 니체도 영혼의 미로 속으로 스스로 들어갔어요. 니체 역시 미노타우로스를 죽이려고 하기보다 영혼의 집으로 야수를 데리고 가서 편안히 지낼 수 있게 해줄 거예요. 그는 야수를 길들이려고 하지 않을 거예요. 니체는 동물적 본성을 길들이기보다 오히려 활기를 더 불어넣어 줄 것을 제안했어요. "그대들의 들고양이는 먼저 호랑이가 되지 않으면 안 된다"라고 말하면서 말이죠.

모리아티는 블랙풋 인디언의 들소 춤 이야기가 육식을 즐기는 사람들의 마음을 편안하게 해줄 수 있다고 생각했어요. 이야기는 희생된 존재가 다시 살아날 수 있다고 말하고 있기 때문이에요. 모리아티는 이야기의 교훈에 따라 살아가는 것이 희생된 동물을 다시 살릴 수 있는 길이라고 믿었어요. 그러나 2015년 북미에서 식용으로 도축된 동물이 92억 마리라는 사실을 다시 생각해보세요. 우리가 죽인 동물을 되살리려면 들소 춤 이야기를 얼마나 많은 사람에게, 얼마나 자주 들려줘야 할까요?

처음 지구에 온
거북이는 누구를 만났을까

태초에 태양도 달도 별도 없었어요. 세상은 온통 캄캄했고 사방에는 물뿐이었지요. 물 위로 뗏목 하나가 떠 있었어요. 뗏목에는 아노쉬마라는 이름의 거북이가 타고 있었어요. 그때 하늘에서 밧줄이 내려왔어요. 밧줄을 타고 지구 창시자가 뗏목으로 내려왔어요. 지구 창시자는 얼굴을 가리고 있었지만 태양처럼 몸에서 빛이 났어요. 그는 오랫동안 아무 말 없이 앉아 있었어요.

거북이가 침묵을 깨고 물었어요. "어디에서 왔어?"

지구 창시자가 대답했어요. "저기 위에서."

거북이가 말했어요. "가끔 물 밖으로 나갈 수 있게 마른 땅을 만들어 줄 수 있어?"

지구 창시자가 대답했어요. "좋아. 하지만 땅을 만들기 위해서 흙이 필요한데, 어디에서 구하지?"

그러자 거북이가 대답했어요. "내 왼팔에 돌을 매달아주면 내가 물속으로 들어가 흙을 구해올게."

지구 창시자는 거북이가 부탁한 대로 했어요. 여기저기 살펴보더니 어디에선가 밧줄을 가져와서 한쪽 끝을 거북이 팔에 묶었어요.

거북이가 다시 말했어요. "흙을 다 모으면 밧줄을 두 번 잡아당길게. 그러면 재빨리 나를 끌어올리면 돼." 거북이가 뗏목에서 내려 물속으로 들어갔어요.

거북이는 오랫동안 모습을 보이지 않았어요. 물속으로 사라진 지 무려 6년이 지났어요. 아주 오랜만에 거북이가 다시 나타났을 때는 온몸이 끈적끈적한 녹색 점액으로 뒤덮여 있었어요. 거북이가 수면 위로 올라왔을 때 그가 가져온 흙은 고작 발톱 아래에 끼어 있는 양이 전부였어요. 나머지는 물에 다 씻겨나가고 말았지요.

지구 창시자가 품에서 돌칼을 꺼내 들고는 거북이 발톱에서 조심스럽게 흙을 긁어모았어요. 흙을 손바닥에 놓고 둥근 모양이 되도록 주물렀더니 작은 조약돌만 해졌어요. 지구 창시자는 작은 흙덩이를 뗏목 뒤쪽에 올려놓았어요.

거북이는 몇 번이고 뗏목 뒤쪽으로 가서 확인해봤어요. 그러나 흙덩이는 달라질 기미가 보이지 않았어요. 그러다 어느 순간 두 팔을 활짝 뻗은 크기만큼 커졌어요. 거북이가 다시 확인했을 때는 흙덩이가 온 세상을 덮고 있었어요. 흙덩이는 거대한 땅이 되었어요. 뗏목은 이제 땅에 걸려 움직이지 못했고, 거북이의 시선이 닿는 곳은 사방으로 산이 들어섰어요.

거북이가 입을 열었어요. "세상은 여전히 캄캄해. 언제까지 어둠 속에서 지낼 수는 없어. 세상을 볼 수 있도록 빛을 만들어줄 수 있어?"

지구 창시자가 대답했어요. "일단 뗏목에서 내리자. 그러고 나면 무슨 일이 일어나는지 볼 수 있을 거야."

둘은 뗏목에서 내렸어요. 지구 창시자가 말했어요. "이제 동쪽을 봐! 내 여동생에게 모습을 드러내라고 말할게."

그러자 어둠을 뚫고 빛이 새어 나오면서 날이 밝기 시작했어요. 비밀 사회의 아버지가 크게 소리치기 시작하자 태양이 모습을 드러냈어요.

거북이가 말했어요. "태양은 어느 길을 따라 움직이지?"

지구 창시자가 대답했어요. "내가 태양에게 이쪽으로 떠서 저쪽으로 지라고 말할 거야."

태양이 지고 난 뒤 다시 아주 어두워졌어요. 지구 창시자가 거북이에게 "어때? 마음에 들어?"라고 묻자 신이 난 거북이는 "아주 좋아"라고 대답했어요.

그러자 지구 창시자가 큰소리로 외쳤어요. "아직 안 끝났어. 할 일이 더 있어!"

지구 창시자가 별의 이름을 하나씩 부르자 밤하늘에 별이 나타났어요. 거북이가 물었어요. "이제 뭘 할 거야?"

지구 창시자가 대답했어요. "기다려봐. 보여줄게." 지구 창시자는 나무 한 그루를 자라게 했어요. 거북이와 지구 창시자는 이틀 동안 나무 그늘에 앉아 있었어요. 나무에는 아주 큰 열두 가지의 열매가 열렸어요. 나무 아래에서 이틀 밤낮을 보낸 후 그들은 지구를 구경하기 위해 각자 원하는 방향으로 길을 떠났어요.

경이로운 세상을 모험하면서 여기저기 돌아다니던 거북이는 어느 우물에 이르렀어요. 새벽 동이 틀 무렵이었지요. 하늘에는 구름 한 점 없고 땅에 드리운 그림자도 하나 없었어요. 거북이는 우물 아래를 내려다봤어요. 마침 개구리 한 마리가 가늘게 뜬 흐리멍덩한 눈으로 올려다보고 있었어요. '별 이상한 개구리가 다 있네.' 거북이는 속으로 생각했어요. 개구리는 이내 사라졌어요.

(이 이야기는 미르체아 엘리아데Mircea Eliade가 쓴 『세계 주요 경전』의 내용을 바탕으로 했어요.)

매일이 신나는 모험이다

거북이와 지구 창시자가 타고 있던 뗏목처럼 여러분과 생각 대장이 타고 있던 뗏목이 육지에 닿은 날은 아주 중요한 날이에요. 많은 모험을 거쳐서 드디어 고향인 지구로 돌아오게 되었으니까요.

모험은 처음에 시작했던 곳에서 다시 개구리와 거북이를 만나면서 끝났어요. 자신이 사는 세상의 경이로움에 눈을 뜬 거북이 아노쉬마는 우물을 내려다보다가 그곳에서 작고 좁은 시야를 가진 개구리 프리다를 발견했지요. 어떤가요. 이제 아노쉬마가 바로 여러분의 모습 같지 않나요?

철학 탐험의 여정 중에서 특히 생각 대장의 호기심을 자극한 것은 '지구 창시자'라는 이름이었어요. 지구 창시자가 어떤 땅에 상륙한다는 것은 지구가 아직 발견되지 않았다는 의미예요. 그러니까 모험이 끝나도 또 다른 모험이 시작된다는 뜻이지요. 지구를 탐험하는 모험 말이에요. 모험이 겨우 시작 단계에 있다면 앞으로 지구의 진정한 본질을 보기 위해 우리는 눈과 마음을 어떻게 다듬어야 할까요?

물 속으로 들어간 거북이는 오랫동안 나타나지 않았어요. 거북이가 깊은 물에서 올라와 다시 모습을 드러냈을 때는 발톱 밑에 낀 얼마 안 되는 흙을 가지고 있었지요. 거북이가 바다로 들어가 간신히 구해온 것 중에는 새로운 시각과 마음도 포함되어 있었을까요? 사실 세상을 새롭게 바라보는 사람들은 항상 우리 주변에 있었어요. 헨리 데이비드 소로, 니체, 승려 틱낫한Thich Nhat Hanh, 모리아티 등이 그런 사람들이에요. 이들의 철학과 사고를 통해 우리 또한 늘 새로운 눈을 가질 수 있답니다.

지구를 이야기한 철학자들

미국의 철학자 헨리 데이비드 소로는 지구의 본질을 꿰뚫어 보는 통찰력을 가지고 있었어요. 하늘은 머리 위에도 있지만 발밑에도 존재한다고 한 말에서 그의 통찰력을 엿볼 수 있지요.

소로와 마찬가지로 니체도 지구가 하늘과 같다고 생각했어요. 지구를 바라보는 니체의 시각은 『자라투스트라$_{Zarathu}$는 이렇게 말했다』의 자라투스트라라는 인물을 통해 잘 묘사되어 있어요. 자라투스트라는 자신이 어떻게 '축복하고 긍정하는 사람'이 되었는지, 어떻게 길고 어려운 난관을 헤치고 모든 것을 축복하는 경지에 이르렀는지 설명해요. '세상 만물이 그것 자신의 하늘이라고 볼 수 있는 것'이 자라투스트라의 축복이에요. '만물은 선과 악을 뛰어넘어 영원의 샘물로 세례를 받았기 때문'이지요. 자라투스트라에게 선악 개념은 그림자이고 눈물겨운 슬픔이자 하늘에 떠도는 구름이에요. 구름은 언젠가 걷힐 것이고, 그렇게 되면 하늘과 같은 지구가 우리 앞에 모습을 드러낼 거라고 해요. 여러분이 사람이나 사물을 목적을 가진 대상이 아닌 원래의 순수하고 순결한 본질로 볼 수 있을 때, 그 안에서 생명력 넘치는 하늘이 쏟아져 나올 거예요. 지구의 신성한 본질이 우리 앞에 펼쳐지는 것이지요. 여러분도 자라투스트라처럼 삶을 축복하고 긍정하는 사람이 될 수 있을까요?

베트남의 불교 승려 틱낫한은 만물의 어머니인 대지를 단순히 우리가 살고 있는 환경이나 외부 세계로 보지 말고, 우리 안에 담고 다니는 '어떤 것'으로 보는 것이 가장 적절하다고 생각했어요. 틱낫한은 만물이 서로 연결되어 있다고 보았거든요. 그는 이런 통찰을 통해 대지와 진정한 소통이 가능하다고 믿었어요. 그리고 그것이 가장 고귀한 형태의 기도라고 생각했어요.

모리아티는 더 건강한 시각으로 지구를 바라보고 더 건강한 지구 위에서 살아가는 방법을 생각해냈어요. 그는 지구를 가리켜 '부다 가이아'

라 부르고 인간을 '부다 가이아 사람'이라고 불렀어요. '부다'는 깨달음을 얻었다는 의미이고, '가이아'는 그리스 신화에 등장하는 대지의 여신이에요. 부다 가이아라는 이름으로 모리아티는 지구가 완전한 깨달음을 얻은 신성한 행성임을 표현하고 싶었어요. 인간을 부다 가이아 사람이라고 부르는 것은 인간을 완전한 깨달음을 얻은 신성한 존재로 여긴다는 뜻이에요. 모리아티는 인간이 깨달음을 얻은 존재로서 깨달음을 얻은 지구에 살게 될 날을 상상했어요. 그런 날이 온다면 우리는 세상 만물에서 깨달음과 신성함을 느낄 수 있을 거예요.

정말 대단한 여정이었어요. 여정의 마지막 단계는 유난히 어려웠지요.

여러분과 생각 대장은 오직 자기 자신만이 스스로의 본질을 깨달을 수 있으며, 지금이 아니면 할 수 있는 때가 없다는 진리를 아는 부지런한 주방장 스님을 만났어요. 그다음은 상상을 통해 황종 소리를 들었고, 그 소리를 기반으로 자연과 조화를 이루는 나라가 어떻게 존재하는지도 이해했어요. 화가 오도현을 따라 그의 멋진 그림 속으로 들어간 생각 대장은 자연을 바라보는 시각이 달라진 것을 느꼈어요. 그렇게 마음이 겸손해지는 경험을 한 후에 열쇠를 찾는 나스루딘을 만났어요. 나스루딘은 여러분을 매우 당혹스럽게 만들었어요. 사고의 틀을 벗어난 어둠 속을 보여줬기 때문이에요. 그 뒤 생각 대장은 가원 경과 함께 말을 타고 녹색 교회로 달려갔고 단두대에 목을 댔어요. 주저하지 않는 도전의 자세를 배울 수 있었어요. 그런 다음 브란과 함께 바다로 나가 바다의 신을 만났지요. 신과의 만남을 통해 여러분과 생각 대장은 완전히 새로운 시각으로 세상을 보게 되었어요. 그러고는 동물을 만났어요. 블랙풋 인디언 부족을 만나서 들소의 노래와 춤을 배웠어요. 인간과 동물 사이의 멀어진 거리를 회복시키는 방법을 상상하게 됐어요. 마침내 거북이와 지구 창시자가 함께 지구의 대지에 오르면서 이번 모험은 끝이 났어요.

하지만 끝은 곧 시작이에요. 여러분의 새로운 모험은 지금부터가 시작이에요!

철학자 인물 소개

테오도어 아도르노(1903~1969)는 독일의 사회평론가로 프랑크푸르트학파의 주요 회원이며 20세기에 가장 영향력 있는 철학자 중 한 명으로 꼽혀요. 아도르노는 대부분의 음악과 영화, 텔레비전에 대해 불평하면서 대중문화를 신랄하게 비난했어요. 그는 자본주의 사회의 모든 문화가 예술이나 문화 그 자체보다 돈을 버는 데 더 집중하고 있다고 지적했어요. 과학이나 기술 발전도 같은 맥락으로 이해했어요. 과학과 기술이 인류에 기여하기 때문이 아니라 교환 가치가 있기 때문에 중요하게 다뤄진다는 거예요. 아도르노가 쓴 유명한 책으로 『계몽의 변증법』, 『문학 강의록』, 『부정변증법』 등이 있어요.

아리스토텔레스(B.C.384~B.C.322)는 고대 그리스에서 태어난 철학자이자 과학자예요. 아버지가 의사였기 때문에 아리스토텔레스는 자라면서 자연과 해부학에 관심을 가지게 되었어요. 그는 플라톤 학교에 들어가 플라톤의 수제자가 되었고, 그곳에서 세상을 연구하는 많은 방법을 생각해냈어요. 또한 주변 환경에 대해 자세히 기록하는 것을 좋아했고, 동물의 해부학적 구조를 이해하기 위해 직접 해부를 하기도 했어요. 그런 것들이 오늘날 현대과학의 기틀이 되었지요. 아리스토텔레스는 세상에서 가장 큰 제국을 건설한 알렉산더 대왕의 어린 시절 개인 교사로도 일했어요.

성 아우구스티누스(354~430)는 아프리카 북쪽 해안에 자리 잡은 오늘날의 알제리에서 태어난 기독교 신학자이자 철학자예요. 부모님은 아들이 좋은 교육을 받아야 한다고 생각했지만 정작 아우구스티누스는 파티를 벌이고 노는 일에 더 관심이 많았어요. 아우구스티누스는 인생을 즐기며 살면서도 한편으론 지식을 얻으면 더 나은 삶을 살 수 있으리라 생각했어요. 그래서 성경을 펼치고 한 구절을 읽었어요. 거기에는 예수처럼 살라고 쓰여 있었지요. 그때부터 아우구스티누스는 신을 사랑하고 소박하게 살면서 가난한 사람들을 돕는 데 일생을 바쳤어요. 『하나님의 도성』과 『고백록』을 포함해 그가 쓴 많은 책은 수백 년에 걸쳐 기독교 교리를 발전시키는 데 기여했어요.

프랜시스 베이컨(1561~1626)은 영국의 철학자이자 과학자예요. 베이컨은 지식이란 감각을 통해 경험한 것에서 나온다고 생각했어요. 그가 살던 시대는 사람들이 세상을 이해하기 위해 종교나 철학에 의존하기보다 과학을 이용하던 때였어요. 베이컨은 과학 지식을 얻으려면 끊임없이 질문하고 실험해야 한다고 말하면서 의심의 중요성에 대한 책을 썼어요. 그는 '마음의 우상'이라는 용어를 만들었는데, 여기에서 우상이란 사람들이 과학적 지식을 습득하는 것을 방해하는 일종의 편견을 말해요. 베이컨은 원하는 결과를 미리 정해놓고 무엇인가를 발견하려 하면 이는 문제의 답과 진실에 영향을 미친다고 생각했어요. 그래서 우상을 극복해야만 진정한 지식을 얻을 수 있다고 말했어요.

조르주 바타유(1897~1962)는 후기구조주의 철학의 기틀을 다진 프랑스 철학자예요. 바타유는 원래 성직자가 되고 싶었어요. 그러나 교회와 교리를 못마땅하게 여겼고, 결국 사서가 되었어요. 그는 여러 문단을 조직하고 많은 수필과 시를 썼어요. 살아 있는 동안에는 그다지 높게 평가받지 못했지만 나중에는 미셸

CIVITAS
DEI

섬 아우구스티누스

푸코Michel Foucault, 자크 데리다Jacques Derrida, 장 보드리야르Jean Baudrillard 같은 유명한 철학자들에게 매우 큰 영향을 미쳤지요.

샬럿 벡(1917~2011)은 미국인 승려로 선에 관한 책을 쓴 작가예요. 그녀는 전 세계의 영향력 있는 선불교 사원들을 연결하는 네트워크인 '평상심 선종'을 창시했어요. 벡은 40대가 되어서야 선불교로 개종했어요. 그전까지는 음악을 공부하고 피아노를 가르치는 교사이자 피아니스트로 활동했어요. 벡은 선불교 교리에 새로운 사상을 도입했고 선불교에 심리학을 접합시켰어요. 그 결과 많은 제자가 심리학자나 정신과 의사의 길을 걷고 있어요. 벡은 명상이란 평온한 마음 상태를 이루는 것뿐만 아니라 진정한 실재를 이해하기 위해 산만함의 원인이 되는 모든 외적 요소를 제거하는 것이라고 정의했어요.

제러미 벤담(1748~1832)은 영국의 철학자로 공리주의를 창시했어요. 벤담은 주어진 상황에서 어떤 것이 옳고 그른지 결정하는 새로운 방법을 찾았다고 말했어요. 그는 어떤 선택을 할 때 옳은 일이란 가능한 많은 사람에게 이익이 되는 것이라고 주장했어요. 또한 그에게 행복의 가치는 모두 동등한 것이었어요. 예를 들어 좋아하는 음식을 먹는 데서 얻는 행복이 책을 읽거나 모험적인 사고를 했을 때 얻는 행복과 같다고 생각했지요.

윌리엄 블레이크(1757~1827)는 영국의 시인이자 화가이며 판화가예요. 살아 있을 당시에는 그다지 인정받지 못했지만 오늘날에는 가장 중요한 낭만주의 예

278

술가로 꼽히고 있어요. 그는 다른 사람들에게 휘둘리지 않고 독자적인 길을 걸었던 뛰어난 능력을 지닌 예술가로 칭송되고 있어요. 블레이크는 그 당시 활발히 일어난 유럽 도시의 성장에 큰 관심을 가졌어요. 그리고 사람들이 과학에 의지하면서 더 이상 신을 믿지 않을 것이라고 걱정했어요. 블레이크는 항상 자연을 사랑한 예술가였어요.

닉 보스트롬(1973~)은 스웨덴의 철학자예요. 스웨덴과 런던에서 공부했고 지금은 옥스퍼드대학교 미래인류연구소에서 활동하고 있어요. 어렸을 적에는 공부하는 것을 좋아하지 않았지만 항상 책을 가까이 했고 미술과 과학을 좋아했어요. 보스트롬은 미래에 대한 관심뿐만 아니라 인류가 발전하기 위해서 인공지능 같은 기술을 이용하는 방법에도 큰 관심을 가졌어요. 아직 가야 할 길이 멀긴 하지만 보스트롬은 인류가 제대로 사용하기만 하면 인공지능으로부터 많은 것을 얻을 수 있다고 믿고 있어요. 그는 인공지능 기술과 관련된 많은 책을 썼어요.

예수 그리스도(B.C.6~A.D.30)는 기독교의 중심이 되는 인물이에요. 예수의 삶과 가르침에 관한 이야기는 신약성경에 기록되어 있어요. 예수는 사람들에게 신의 가르침을 전하게 되었어요. 사도라 불리는 그의 제자들과 함께 팔레스타인 지역을 돌아다니면서 신의 말씀을 전하고 사람들을 치료하며 기적을 행했어요. 예수는 관용과 정의와 자비를 믿었어요. 그러나 예수를 좋아하지 않는 사람들도 있었어요. 유대 지방의 총독 폰티오 빌라도Pontius Pilate는 예수를 십자가에 못 박아 처형하라는 명령을 내렸지요. 기독교인은 예수가 자신들의 죄로 인해 죽었으나, 예수가 3일 후에 다시 부활해서 신의 아들임을 입증했다고 믿어요. 세계의 많은 화가와 음악가가 예수의 삶과 업적을 주제로 명작을 만들어 냈어요.

앤디 클락(1957~)은 스코틀랜드 철학자로 현재 에든버러대학교의 철학 교수예요. 미국 인디애나대학교와 미주리대학교, 영국 서섹스대학교에서도 철학을 가르쳤어요. 클락은 우리의 마음이 두개골을 벗어나 바깥세상으로 확장된다고 주장했어요. 이외에도 그는 인공지능, 로봇, 기술, 문화 등의 다양한 연구를 했어요.

공자(B.C.551~B.C.479)는 중국의 철학자이자 교육자예요. 공자가 태어나기 이전 500년 동안 중국은 단일 국가였지만 공자가 자라난 시대는 새로운 통치자들이 나타나 세력을 다투던 때였어요. 혼란의 시기, 공자는 친절과 같은 오랜 전통이 사라질까봐 걱정했어요. 그는 사람은 누구나 존중해야 하고, 사람을 대할 때 그 사람이 가진 재산은 전혀 중요하지 않다고 생각했어요. 게다가 부패한 관리자는 백성을 신경 쓰지 않으므로 깊은 배려심을 지닌 사람이 정치에 참여해야 한다고 주장했지요. 공자는 자신의 가르침이 사람들 사이에서 곧 잊힐 것이라고 생각했지만 무려 2천여 년 동안 많은 사람이 그의 가르침을 배우고 연구하고 있어요.

공자

프랑소와즈 도본느(1920~2005)는 프랑스의 이론가이자 여성운동가로 프랑스 페미니즘 운동에 가장 큰 영향력을 미친 지도자 중 한 명이에요. 도본느는 에코페미니즘, 또는 생태여성주의라는 용어를 처음 사용한 인물로 잘 알려져 있어요. 생태여성주의는 인간과 자연이 관계를 잘 유지하기 위해서 생태주의적 입장과 여성주의가 결합되어야 한다는 사상이에요. 도본느는 여성이 지구와 특별한 관계를 공유하고 있다고 믿었으며 여성들에게 환경운동가가 되라고 장려했어요. 그녀의 좌우명은 '매일 하루에 한 줄이라도 쓰기'였는데, 그 결과 50편이 넘는 책을 썼고 수전 그리핀Susan Griffin, 셰리 오트너Sherry Ortner, 로즈메리 래드포드 류터Rosemary R. Ruether 같은 많은 여성 운동가에게 영향을 미쳤어요.

하쿠인 에카쿠(1686~1768)는 일본 선불교에서 가장 중요한 인물 중 한 명이에요. 그는 아름다운 붓글씨와 수묵선화(붓에 먹물을 묻혀 그린 그림을 말해요 - 옮긴이)로도 잘 알려져 있어요. 하쿠인은 선을 가르치는 방법에 명상을 도입했어요. 게다가 선불교 사원의 울타리를 넘어 모든 계층의 사람을 수용할 수 있게 가르침을 확장하는 것이 중요하다고 믿었어요.

르네 데카르트(1596~1650)는 프랑스의 철학자이자 수학자이며 과학자예요. 데카르트는 자신의 존재를 알기 위해 항상 열심히 탐구했어요. 게다가 꿈에 대한 글도 썼는데, 꿈은 그가 정말 깨어 있는지 아닌지를 의심하게 만든다고 생각했어요. 데카르트는 정신과 육체를 별개의 것으로 생각한 최초의 근대 철학자 중

프랑소와즈
도본느

한 명이에요. 그런 생각을 '이원론'이라 하지요. 데카르트에게 정신은 신비롭고 비물질적인 것이에요. 정신에는 의식이 있고 많은 것을 할 수 있는 능력이 있어요. 반면에 육체는 물질적이며 기계와 같고, 세상은 기계에 의해 움직인다고 생각했지요. 데카르트는 "나는 생각한다. 그러므로 존재한다"라는 말을 남긴 것으로 유명해요. 그의 책은 수세기에 걸쳐 후대 철학자에게 영향을 미쳤고 그 영향력은 오늘날까지 지속되고 있어요.

프리드리히 엥겔스(1820~1895)는 독일 정치철학자로 친구인 카를 마르크스와 함께 근대 사회주의 이론을 세운 것으로 잘 알려져 있어요. 두 사람은 『공산당 선언』이라는 유명한 책을 썼어요. 엥겔스의 아버지는 매우 부유한 공장 주인이었어요. 청년이 된 엥겔스는 아버지의 사업체 중 하나를 운영하기 위해 영국으로 건너갔어요. 그곳에서 공장 노동자가 받는 부당한 대우를 목격하고 매우 분노했어요. 그 일을 계기로 엥겔스는 계급과 빈곤 그리고 노동자의 투쟁에 관한 글을 쓰기 시작했어요. 1883년 친구 마르크스가 사망한 후 엥겔스는 계속해서 마르크스가 쓴 글들을 편집하고 해석했고, 그것들은 오늘날까지도 중요한 저작물로 남아 있답니다.

그레타 가드(1960~)는 미국의 페미니스트 작가이자 활동가이고 다큐멘터리 제작자예요. 위스콘신대학교에서 영어 교수로도 활동하고 있어요. 가드의 주요 관심사는 생태 작문이에요. 생태 작문은 자연과 환경이 글을 쓰는 데 어떤 영향을 미치는지 고려하는 글쓰기 방법이에요. 또한 채식주의와 동물의 권리에 관해서도 연구하고 있어요.

싯다르타 고타마(B.C.567~B.C.487)는 나중에 부처로 이름을 널리 알리게 되지만 원래 네팔의 한 왕국에서 왕자로 태어났어요. 고타마는 근심 걱정 없는 어린 시절을 보냈지요. 그러나 우연히 왕궁 담장 밖으로 외출했을 때 그가 본 것은 오직 고통과 고난뿐이었어요. 그곳에서 그는 세상사에 동요되지 않는 성자를 보게 되고 세상의 고통을 극복할 수 있는 길을 찾겠다고 다짐했어요. 그는 답을 찾기 위해 인도 곳곳을 돌아다녔고, 드디어 네 가지의 높은 깨우침(사성제)과 여덟 가지의 고귀한 길(팔정도)을 발견했어요. 고타마는 사성제와 팔정도가 인간이 깨달음을 얻을 수 있게 도와준다고 믿었어요. 많은 사람이 고타마의 말을 믿으며 따랐고 그를 부처라 부르기 시작했어요. 오늘날 전 세계에 약 5억 명 이상의 불교 신자가 있어요. 불교 신자는 선과 평온, 마음의 평화를 소중하게 여겨요.

어빙 존 굿(1916~2009)은 영국의 수학자이자 암호학자예요. 케임브리지대학교에서 수학을 공부했고, 박사 학위를 받은 후에는 2차 세계대전 동안 암호 해독을 위해 만든 영국 두뇌집단의 본거지 블레츨리 파크에서 일했어요. 그곳에서 에니그마Enigma(2차 세계대전 기간 독일이 사용한 암호 제작 기계 중 하나예요 – 옮긴이)를 해독하는 데 중요한 역할을 했고, 결국 연합군이 독일을 무찌르는 것을 도왔어요. 전쟁 후에는 여러 대학의 강단에 섰고, 암호와 수학, 체스에 대한 연구를 계속했어요. 굿은 컴퓨터에도 큰 흥미를 가지고 있었고 세계 최초의 컴퓨터를

개발하는 프로젝트에도 참여했어요. 그의 조수에 따르면 굿은 초인공지능 기계로 말미암아 인류가 멸망할 것이라고 믿었다고 해요.

로리 그루엔(1962~)은 미국 학자로 현재 웨슬리언대학교 여성학 교수예요. 콜로라도대학교와 애리조나대학교에서 공부했고, 1994년에 박사 학위를 받았어요. 그루엔은 인종, 젠더Gender(생물학적 성이 아닌 사회적인 성을 가리키는 말이에요—옮긴이), 생물종을 연구했고 이 요소들이 서로 어떻게 영향을 미치는지에 대해서 관심을 가지고 있어요. 동물 생명 윤리와 동물 권리에 대한 연구도 했으며, 특히 침팬지에 대한 각별한 애정을 가지고 있어요. 그녀는 미국 실험실에서 연구에 처음 사용된 100마리의 침팬지를 기념하기 위한 블로그 '퍼스트 100 침팬지'를 개설했어요.

틱낫한(1926~) 승려는 베트남에서 태어난 영적 지도자이자 불교 활동가예요. 스님은 우리 자신과 다른 사람에게 진정한 평화를 가져다줄 수 있는 유일한 방법은 마음 챙김Mindfulness(지금 이 순간을 있는 그대로 받아들이는 자세를 말해요)을 통해서 온다고 말해요. 그는 지금까지 세계 곳곳을 다니며 불교를 알렸고, 프린스턴대학교와 컬럼비아대학교 등 미국의 대학교에서 강의를 했어요. 틱낫한 스님은 프랑스에 명상 공동체 플럼빌리지를 세우고 유럽 곳곳에 수행원도 세웠어요. 플럼빌리지에는 기도와 명상을 위해 매년 약 8,000명이 방문하고 있어요. 틱낫한 스님은 베트남 전쟁 당시 미국 정부에 전쟁을 중단할 것을 요구하는 활동을 벌였어요. 마틴 루서 킹 목사를 만난 것도 그 무렵이었어요. 킹 목사는 나중에 틱낫한 스님을 노벨평화상 후보로 추천했지요.

로빈 핸슨(1959~)은 미국 조지메이슨대학교 경제학과 부교수이자 옥스퍼드대학교 인류미래연구소 연구원이에요. 주요 연구 분야와 관심 분야는 인공지능, 통계학, 컴퓨터 데이터예요. 과거에는 미국 항공우주국 나사와 군용 항공기 제조사인 록히드에서 연구원으로 일했어요. 핸슨은 자신이 죽을 경우 뇌를 냉동 보존하기로 했어요. 미래 기술에 희망을 걸고 뇌를 보관하기로 한 것이죠.

마르틴 하이데거(1889~1976)는 독일의 철학자예요. 그는 인생의 많은 시간을 "존재한다는 의미는 무엇일까?"라는 질문과 씨름하면서 보냈어요. 이 질문에 답하기 위해 하이데거는 많은 철학적 모험을 시도했고, 질문을 통해 진실, 죽음, 현대 과학기술, 인간, 정치, 예술 등의 다양한 문제를 고민했어요. 그는 간단한 것 같지만 대답하기 매우 어려운 질문을 하는 것을 좋아했어요. 예를 들어 이런 질문들이에요. "사물이란 무엇인가?", "생각한다는 것은 무엇인가?", "예술이란 무엇인가?", "왜 아무것도 없는 것이 아니라 무엇인가가 있는 것인가?".

헤라클레이토스(B.C.635~B.C.475)는 소크라테스 이전에 살았던 그리스 철학자예요. 그는 늘 고독했고 끝임없이 생각을 하고 또 슬퍼하며 살았기 때문에 흔히 '우는 철학자'라고 불려요. 헤라클레이토스는 다른 철학자처럼 책이나 논문을 쓰지는 않았지만 짧은 문장과 구절을 많이 남겼어요. "모든 것은 흐른다", "아무도 같은 강물에 두 번 들어가지 않는다. 그 사람도 강물도 예전과 같지 않기 때문이다". 오늘날에도 여전히 사용되는 대표적인 격언들이지요.

토머스 홉스(1588~1679)는 정치철학의 창시자로 널리 인정받는 영국 철학자예요. 정부와 법에 대한 책을 썼고, 정부와 법 모두 존재하지 않을 때 일어나게 될 일을 다룬 책도 썼어요. 홉스는 강력한 정부를 갖는 것의 중요성을 강조했어요. 그는 정부가 없다면 누가 옳고 그른지 아무도 결정할 수 없기 때문에 사람들끼리 서로 싸우게 된다고 생각했지요. 또한 모든 권력은 한 사람 또는 한 집단에게 있어야 하고, 모든 사람은 권력을 가진 사람이나 집단에 복종하는 데 동의해야 한다고 주장했어요. 오늘날 많은 사람은 홉스의 주장에 반대해요. 권력이 한쪽으로 치우치는 것은 위험하다고 보기 때문이지요. 그래도 여전히 홉스는 정부 구조와 정치에 관심 있는 사람들 사이에서 중요한 인물로 남아 있어요.

막스 호르크하이머(1895~1973)는 독일 철학자이자 프랑크푸르트학파의 대표적 철학자예요. 쓴 책으로는 『이성의 상실』, 『철학과 사회과학 사이』 그리고 테오도어 아도르노와 함께 쓴 『계몽의 변증법』이 있어요. 호르크하이머는 객관적 이성과 주관적 이성이 어떻게 다른지 관심을 가졌어요. 그는 사람들이 이성을 제대로 이해한다면 많은 사회문제를 해결할 수 있을 것이라고 믿었어요.

데이비드 흄(1711~1776)은 스코틀랜드의 유명한 철학자이자 역사학자예요. 그의 이론은 사물에 대한 감각적 경험과 관련된 경험론과 회의론을 발전시켰어요. 흄은 우리의 믿음이 본능에서 나오는 것이라고 주장했어요. 그는 이런 생각을 도덕적 가치에도 적용했어요. 같은 행동이나 같은 상황도 경우에 따라 좋게 여겨질 수도 있고 나쁘게 여겨질 수도 있다고 주장했어요. 다른 사람의 팔에 칼을 대는 사람을 보고 우리는 대개 나쁘다고 생각하지만 만약 그가 수술을 하는 의사라면 생각이 바뀔 거예요. 흄의 철학적 사상은 훗날 이마누엘 칸트에 의해서 비로소 제대로 된 평가를 받았어요. 칸트는 흄의 사상을 통해 자신의 인생관이 완전히 바뀌었다고 말했지요.

윌리엄 제임스(1842~1910)는 미국의 철학자이자 심리학자예요. 그는 실용주의자였어요. 검증된 사실을 중요시했고 어떤 것이 올바르게 작동하면 그것을 사실이라고 믿었어요. 제임스는 사람들이 가난을 점점 두려워한다고 생각했어요. 그는 우리가 돈을 벌려고 노력하지 않는 사람을 좋아하지 않으며 그런 사람을 게으르거나 야망이 없는 사람이라 부른다고 말했어요. 실제로 그런 사람은 재산을 많이 소유해야 하는 부담에서 벗어나 자유로울 수도 있는데 말이에요. 제임스는 심리학과 문학에서 중요한 개념으로 여겨지는 '의식의 흐름'이라는 용어를 처음 만들었어요. 그리고 미국 역사상 가장 유명한 작가로 손꼽히는 헨리 제임스Henry James가 그의 동생이에요.

이마누엘 칸트(1724~1804)는 독일 철학자로 그 자신은 지루한 삶을 살았지만 여러 흥미진진한 생각을 갖고 있었어요. 칸트는 매우 규칙적인 생활을 했기 때문에 이웃들이 그가 산책 나가는 시간을 보고 시계를 맞췄다고 해요. 그는 당시 주류를 이루던 철학 사상을 반대하고 초월적 관념론이라는 자신만의 사상을 세웠어요. 칸트의 초월적 관념론은 이후 매우 유명해졌어요. 칸트는 실재가 정확히 무엇인지 아무도 알 수 없다고 주장했어요. 단지 실재가 우리에게 어떻게 보이는지만 알 수 있다는 거예요.

쇠렌 키르케고르(1813~1855)는 덴마크의 철학자이자 비평가이자 신학자예요. 코펜하겐대학교를 졸업한 키르케고르는 교수직을 맡은 적은 없지만 많은 책을 썼어요. 키르케고르는 주관성도 중요하지만 객관적 사실을 아는 것이 중요하다고 믿었어요. 그는 불합리성에 관한 사상을 발전시키고, 무엇인가를 선택할 때 책임의 중요성을 강조했어요. 키르케고르의 사상은 당시에는 그다지 주목받지 못했지만 20세기의 많은 철학자와 학자에게 매우 중요한 영향을 미쳤어요.

밀란 쿤데라(1929~)는 체코 출신의 프랑스 작가로 정치사상과 철학적 주제를 다루는 장편소설과 단편소설, 희곡을 썼어요. 학생 때부터 공산당에 가입해 정치 활동을 했어요. 체코가 소련의 지배를 받게 되었을 때 정부는 쿤데라가 작품을 통해 전하는 메시지를 좋아하지 않았어요. 그래서 쿤데라의 작품은 모두 금지되었고 가르치는 일을 하고 있던 쿤데라도 해고당했어요. 결국 쿤데라는 프랑스로 건너가 1981년에 프랑스 시민이 되었어요. 그는 언론과 인터뷰도 거의 하지 않았어요. 많은 사람이 그가 언젠가 노벨문학상을 받을 것이라고 기대하고 있어요.

한스 게오르크 뮐러(1964~)는 독일, 캐나다, 중국에서 철학을 가르친 철학자예요. 현재 아일랜드 코크대학교의 교수예요. 지금까지 열 권의 책을 썼는데, 그 중 하나인 『도덕적 바보』는 평소 옳고 그름을 판단하는 도덕이 항상 좋은 것인지 되묻고 있어요. 뮐러는 도덕을 좋은 것과 나쁜 것, 즉 두 가지로 쪼개는 도끼에 비유했어요. 그러한 도덕이 우리로 하여금 세상을 너무 단순하게 보게 하는 것은 아닌지 물으면서 세상의 일은 항상 옳고 그름으로 양분할 수 있는 것이 아니라고 주장했어요. 게다가 우리가 옳고 그름을 바탕으로 모든 것을 평가하지 않는다면 세상에 대한 이해가 바뀔 수도 있다고 말했답니다.

지야 메랄리(출생 연도 알려져 있지 않음)는 수상 경력이 있는 과학 전문 작가예요. 케임브리지대학교에서 자연과학을 전공해 학사와 석사 학위를 받았고, 브라운대학교에서 우주론으로 박사 학위를 받았어요. 다양한 과학 문제와 사회 문제를 주제로 많은 책과 논문을 썼어요. 2017년에는 『작은 방에서의 빅뱅 A Bing Bang in a Little Room』이라는 책을 출판했어요. 더 많은 사람이 물리학에 관심을 갖게 하기 위해서 물리학을 재미있고 이해하기 쉽게 설명한 책을 썼어요.

모리스 메를로퐁티(1908~1961)는 현상학을 연구한 프랑스 철학자예요. 하이데거와 장폴 사르트르 Jean-Paul Sartre, 시몬 드 보부아르와 함께 연구했지만 이들

카를
마르크스

과 달리 스스로를 실존주의자라고 규정하지 않았어요. 메를로퐁티는 오직 지각을 통해서만 세상을 제대로 이해할 수 있다고 믿었고, 세상을 이해하는 데 육체의 역할이 중요하다고 강조했어요. 정신과 의식이 지식의 주요 원천이라고 보던 당시의 철학적 전통을 거부한 생각이었지요.

카를 마르크스(1818~1883)는 독일의 경제학자이자 정치이론가이며 사회학자예요. 그는 자본과 권력에 대한 책을 쓰고 근대 사회주의 이론을 발전시킨 사상가로 잘 알려져 있어요. 마르크스는 사회 내에 계급이 분할되어 있고 노동자 계급이 권력자에게 억압과 착취를 당한다는 사실에 큰 충격을 받았어요. 그는 노동자가 불공평한 사회를 무너뜨리고 모든 사유 재산과 생산 수단을 공유해야 한다고 주장했어요. 누구든 아무것도 소유하지 않고 모든 것이 공유된다면 훨씬 더 평등한 사회가 될 것이라 믿었지요. 마르크스의 가장 유명한 책 『공산당 선언』과 『자본론』은 세계의 여러 정치 체제를 형성하는 데 깊은 영감을 줬어요.

프리드리히 니체(1844~1900)는 독일 철학자이자 작가예요. 매우 뛰어난 학생이었던 니체는 스물넷이라는 어린 나이에 바젤대학교 고전 철학 교수가 되었어요. 아버지가 루터교(종교개혁에서 시작된 개신교 교파예요) 목사였지만 정작 니체는 루터교를 가장 신랄하게 비판하는 사람 중 한 명이었고 교리 대부분을 거부했어요. 니체는 우리가 좋거나 나쁘다고 여기는 가치들을 다시 평가해야 한다고 강력히 주장했어요. 우리가 진실이라고 받아들이는 모든 것을 의심해야 한다

존
모리아티

는 말이에요.

존 모리아티(1938~2007)는 아일랜드 작가이자 철학자로 많은 사람으로부터 동시대인 가운데 가장 명석한 사상가라는 평가를 받았어요. 그는 세계를 돌아다니면서 여러 대학에서 강의를 했고, 영국의 한 수도원에서 정원사로 일하기도 했어요. 나중에는 고향으로 돌아와 산기슭에 살면서 자신의 문화적, 영적 뿌리를 찾기 시작했지요. 많은 사람이 어려운 일이라고 생각하지만, 모리아티는 기독교가 모든 종교와 신념을 포괄하기를 소망했어요. 또한 지구와 지구상의 모든 생명체가 조화를 이루면서 사는 것이 옳다고 믿었어요.

니시타니 케이지(1900~1990)는 일본 철학자예요. 교토대학교에서 박사 학위를 받았고 철학과 학과장까지 지냈어요. 그는 미국과 유럽을 포함해 세계 여러 나라에서도 철학을 가르쳤어요. 어렸을 적에는 몸이 약해서 누워 지내는 날이 많았는데, 그때 독서의 즐거움을 발견했어요. 니시타니는 주변에서 자신에게 기대하는 것을 대부분 따르지 않았어요. 가족들은 그가 법을 공부하기를 원했지만 그는 본인이 하고 싶은 공부를 직접 선택했어요. 그는 무無와 공에 대해 사색하고 관련된 많은 책을 썼어요. 그뿐 아니라 무와 공의 개념을 서양 사회에서 일어나는 의미의 상실과 고귀한 가치의 붕괴와 연관지었어요.

블레즈 파스칼(1623~1662)은 프랑스 과학자이자 수학자예요. 그는 집에서 아버지로부터 교육을 받았고 사람들은 그를 신동이라 생각했어요. 파스칼은 수학 발전에 큰 공헌을 했는데 특히 확률론 분야에 많은 기여를 했고, 그의 이름을 따서 '파스칼 삼각형'이라 불리는 유명한 증명도 있어요. 수학뿐만 아니라 기독교와 철학에 관한 책도 썼는데, 그중 가장 유명한 책은 『팡세』예요. 이 책에서 파스칼은 기독교를 지지하고 삶의 의미를 찾으려는 자신의 여정을 자세히 묘사했어요.

페르난두 페소아(1888~1935)는 20세기 문학에서 매우 중요한 인물이자 가장 훌륭한 포르투갈 작가 중 한 명이에요. 페소아는 무려 73개의 이름으로 집필 활동을 했는데, 각각 서로 다른 문체와 관점을 가지고 있었어요. 그중에 우리에게도 익숙한 베르나르두 소아레스와 알베르투 카에이루가 포함되어 있지요. 여러 이름을 사용한 것을 보면 인간에게는 하나 이상의 인격이 있다는 그의 믿음을 엿볼 수 있어요. 평소 그는 모든 것이 꿈이라고 생각했어요. 가장 좋은 꿈은 꿈을 꾸는 사람이 꿈속 사람들의 삶 속으로 사라지는 것이라고 믿었어요. 페소아는 항상 일상적인 것에 세심한 주의를 기울이려고 했어요. 초록색 원피스를 보면서 단지 옷감이나 바느질 상태만 보는 것이 아니라 옷을 만든 공장과 노동자와 기계까지도 보곤 했어요.

플라톤(B.C.427~B.C.337)은 그리스 아테네에서 태어난 소크라테스의 제자예요. 그는 서양철학사에서 가장 중요한 인물 중 한 명으로 널리 인정받고 있지요. 플라톤은 정의, 지식, 정치, 영원한 진리 등 다양한 주제에 대한 글을 썼어요. 그는 남녀의 지적 능력이 서로 다르지 않다고 주장했으며, 최초로 남녀 모두 동등한 교육을 받아야 한다고 말한 사상가 중 한 명이에요. 그뿐 아니라 세계

최초의 대학인 아카데미아를 세웠어요. 플라톤이 쓴 책 가운데 가장 유명한 것으로 꼽히는 것은 『국가론』이에요.

피타고라스(B.C.560~B.C.495)는 그리스의 수학자이자 철학자예요. 수학을 아주 좋아했고 수학과 신비주의의 영향을 받은 학자 집단인 피타고라스 학파를 만들었어요. 피타고라스는 피타고라스 정리라 불리는, 직각삼각형에 관한 식으로 매우 잘 알려져 있어요. 그 정리는 오늘날에도 여전히 사용되고 있지요. 피타고라스는 음악도 매우 좋아했어요. 그는 태양, 달, 행성, 별 모두 보통의 귀로는 들을 수 없는 독특한 음표를 가지고 있다고 주장했어요. 그뿐 아니라 영혼은 절대 사라지지 않는 불멸의 존재이며, 하나의 영혼이 여러 차례 다시 태어난다고 믿었어요. 심지어 자신은 네 번의 생을 살았으며 그것을 모두 기억한다고 주장했지요.

라이너 마리아 릴케(1875~1926)는 보헤미아 출신의 오스트리아 시인이자 소설가예요. 특히 서정적인 작품으로 유명해요. 소설 한 편과 수많은 시집 다수의 편지를 남겼지요. 릴케는 주로 불안감과 고독을 작품의 주제로 삼았고 신비한 느낌과 감정을 설명하는 데 겪는 어려움도 다뤘어요. 참고로 릴케가 살던 시기는 그런 문제에 관심을 기울이지 않던 시대였답니다.

장 자크 루소(1712~1778)는 스위스 제네바 출신의 철학자이자 작가예요. 루소의 정치철학은 프랑스 혁명에서 중요한 역할을 했어요. 그는 왕과 여왕이 모든 사람이 따라야 하는 법을 만들 권리를 신으로부터 부여받았다고 믿지 않았어요. 루소는 공정한 국가를 만들기 위해 '사회계약' 개념을 도입했는데, 이 사회계약은 국민에게 주권이 있다고 해요. 국민이 정부를 선택해야 하고, 정부는 국민이 만든 법을 집행해야 한다는 거예요. 루소는 작곡가이기도 했어요. 일곱 편의 오페라를 작곡했고 음악 이론에 관한 많은 책을 썼어요.

메리 제인 루벤스테인(출생 연도 알려져 있지 않음)은 미국 웨슬리언대학교 종교학 교수로 사회과학 프로그램과 페미니스트·젠더·섹슈얼리티 프로그램 등을 가르쳤어요. 케임브리지대학교와 컬럼비아대학교 대학원을 졸업했고, 주요 연구 분야는 젠더와 섹슈얼리티, 과학과 종교, 생태학, 우주론, 물리학 역사와 발달사 등이에요.

잘랄 아드딘 루미(1207~1273)는 페르시아 시인이자 학자로 이슬람 문화와 역사에서 가장 영향력 있는 종교 지도자로 널리 인정받고 있어요. 루미가 쓴 많은 시는 전 세계의 여러 언어로 번역되었어요. 루미는 모든 종교의 자선과 친절, 관용의 가치를 믿었고, 무엇보다 사랑이 가장 중요하다고 생각했어요. 루미의 시는 국가와 문화의 경계를 넘어 세계 곳곳의 예술가와 철학자들에게 영감을 줬어요. 특히 서사시 '마스나비'는 전 세계적으로 매우 유명하지요. 굉장히 긴 이 시는 대략 25,000개의 연으로 이루어져 있어요.

아르투어 쇼펜하우어(1788~1860)는 플라톤, 칸트, 동양사상(힌두교와 불교)에 많

메리 제인
루벤스테인

은 영향을 받은 독일 철학자예요. 삶에 대한 그의 시각은 굉장히 어두웠어요. 그는 대부분의 사람이 고통으로 가득 찬 삶을 살고 있다고 생각했어요. 쇼펜하우어는 우리의 '의지' 즉, 원하는 것과 욕구와 갈망이 고통의 원인이며, 결국 더 나은 삶을 살기 위해서는 원하는 것을 자제할 줄 알아야 한다고 믿었어요. 쇼펜하우어는 현세에서 행복을 찾는 것이 어렵다고 생각한 대신 음악에서 기쁨을 찾았어요. 그는 슬픈 음악도 세상의 고통에서 벗어날 수 있게 해주는 아름다운 음악이 될 수 있다고 생각했어요.

피터 싱어(1946~)는 호주 출신 철학자로 프린스턴대학교 교수로 재직 중이에요. 동물의 권리를 옹호하고 채식을 장려하는 활동으로 잘 알려진 인물이에요. 싱어는 고기를 먹는 사람들에게 동물이 사람 입에 들어가기 전에 겪는 고통에 대해 생각해보라고 말했어요. 그는 인간이 동물을 먹는 것을 두고 '다른 생물종에 대한 전례 없는 대대적인 착취'라고 규정했어요. 또한 대부분의 평범한 사람보다 부자가 더 많은 돈을 자선단체와 사회운동에 기부하는 것이 중요하다고 주장하는 글로도 유명해요.

애덤 스미스(1723~1790)는 스코틀랜드의 경제학자이자 윤리철학자로 흔히 현대 경제학의 아버지라고 불려요. 스미스는 『국부론』이라는 책에서 모든 사람이 자기 자신에게 최선의 행동을 해야 한다고 제안했어요. 모든 사람이 그렇게 한다면 공동체에, 더 나아가 국가 전체에 큰 도움이 될 것이라 주장했어요. 스미스는 또한 재산과 부가 큰 불평등을 일으킬 것이라 주장했어요. 안타깝게도 부의 불평등은 갈수록 커지고 있어요.

마크 솔로몬(1969~)은 미국 논픽션 작가이자 철학자이며 신경심리학자예요. 미국 세인트루이스 워싱턴대학교와 툴레인대학교, 브라운대학교에서 공부했어요. 그는 시뮬레이션에 관한 책들을 썼는데, 『컴퓨터 시뮬레이션 우주론On Computer Simulated Universes』을 통해 우리가 컴퓨터 시뮬레이션으로 만들어진 우주 안에 살고 있는 것이 아닌지 묻고 있어요. 『시뮬레이션 우주의 진화The Evolution of Simulated Universes』라는 또 다른 책에서는 자연선택설(다윈이 말한 것으로, 생물의 종은 자연선택의 결과이자 환경에 적합한 방향으로 진화한다고 주장하는 학설이에요)을 자세히 살피고, 우주가 인간과 마찬가지로 자연선택의 결과물은 아닌지 묻고 있어요. 이 두 가지 생각을 바탕으로 솔로몬은 시뮬레이션 우주의 자연선택이 당연하다고 주장해요.

스즈키 순류(1904~1971)는 일본에서 나고 자란 불교 승려로 선불교를 대중화시키고 아시아를 벗어나서 미국 캘리포니아에 선불교 사원을 세웠어요. 선불교는 엄격한 자기통제와 명상 수행을 강조하지만 교리에 대한 깊은 지식보다 개인적 경험을 중요하게 생각해요. 선불교에서는 지금 이 순간, 중요한 것에 집중하는 자세가 중요하며, 과거나 미래는 크게 관심 갖지 않아요. 스즈키는 선불교에 관한 여러 권의 책을 썼고, 그 책들이 널리 알려진 덕분에 선불교는 서양에서 큰 인기를 얻었어요.

다나베 하지메(1885~1962)는 일본 철학자예요. 다나베는 철학이란 논리를 다루는 학문도 아니고, 어떤 주제에 대해 논쟁하거나 토론을 벌이는 것도 아니라고 생각했어요. 게다가 그에게 철학은 현명하게 생각하는 것을 의미하지도 않았어요. 다나베에게 철학이란 그저 우리가 누구이고 무엇이냐는 존재의 문제였어요. 다나베는 정토진종(일본 불교의 한 종파를 말해요 – 옮긴이)의 영향을 많이 받았고 '다른 힘(타력)'이 필요하다는 강한 믿음을 가지고 있었어요. 그는 인간의 사고력이 약하다고 말하면서 우리의 사고 범위가 제한적이라는 것을 스스로 인정해야 한다고 주장했어요. 자기 자신이 가진 사고력의 한계를 깨닫고 '다른 힘'에 대한 믿음을 가져야 궁극적 결론에 도달할 수 있다고 믿었어요.

곽희(1020~1090)는 중국의 산수화가예요. 곽희는 그림을 그리기만 한 것이 아니라 그림에 관한 이론서 『임천고치』도 썼어요. 이 책에서 자연에서 멀리 떨어져 살고 있거나 웅장한 자연 속을 거닐 수 없는 사람들에게 산수화는 매우 중요하다고 주장했어요. 좋은 풍경화는 자연 속으로 들어갈 수 있는 입구 역할을 해요. 그러면 우리는 집 밖으로 나가지 않고도 나무와 개울 사이를 거닐 수 있고, 새와 원숭이 소리를 들을 수 있으며, 햇빛에 반짝거리는 개울물을 볼 수 있어요. 곽희는 좋은 산수화란 보는 이를 만족시켜주고 마음을 사로잡을 수 있는 것이라고 생각했어요.

토머스 트러헌(1636~1674)은 영국의 시인이자 종교 작가예요. 트러헌은 살아 있을 당시에는 작가로서 인정받지 못했어요. 하지만 이제 그의 시는 자연의 경

다나베
하지메

이로움과 창작의 즐거움을 잘 표현한 작품으로 알려져 있어요. 하지만 트러헌은 기쁨만큼 큰 분노도 느꼈어요. 교육과 문화가 변질되었다고 생각했고, 그로 인해 세상의 아름다움을 보는 눈이 훼손되었다고 화를 내기도 했어요.

버너 빈지(1944~)는 미국의 공상과학 작가예요. 전에는 샌디에이고주립대학교에서 수학과 컴퓨터과학을 가르쳤지만 지금은 은퇴했어요. 그는 인공지능을 연구했고, 오늘날 '특이점'이라 불리는 것에 대한 이론을 처음으로 제시한 과학자예요. 빈지는 공상과학 소설을 쓴 것으로도 유명하고 소설로 주요 문학상을 여러 차례 수상했어요. 그의 소설은 허구적 사이버공간을 묘사한 최초의 작품 중 하나라는 평가를 받고 있어요.

헨리 데이비드 소로(1817~1862)는 미국의 작가이자 철학자예요. 소로는 소박한 삶, 도덕, 정부에 관한 책을 썼고, 당시 사회 규범을 거부한 인물로 기억되고 있어요. 가장 잘 알려진 책은 『월든』과 수필집 『시민 불복종』이에요. 반전주의자였던 소로는 항의의 형태로 정부에 세금을 내는 것을 거부했어요. 정부에 저항한 것 때문에 체포되어 감옥에서 하룻밤을 보내기도 했어요. 소로는 많은 사람에게 영감을 줬어요. 특히 소로의 시민 불복종 철학은 작가 톨스토이Leo Tolstoy, 간디, 마틴 루서 킹 등 많은 사람에게 영향을 미쳤어요.

윌리엄 버틀러 예이츠(1865~1939)는 아일랜드 시인이자 극작가예요. 많은 사람이 예이츠를 20세기의 가장 위대한 시인으로 평가해요. 예이츠는 1923년 노

헨리
데이비드
소로

벨문학상을 받았어요. 그는 '대기억'이라는 것이 중요하다고 믿었어요. 예이츠에게 대기억은 개인의 기억뿐만 아니라 다른 모든 사람의 기억으로 구성되어 있으며 대자연의 속하는 것이에요. 예이츠는 레이디 그레고리 같은 다른 극작가와 함께 아일랜드 문예 부흥을 주도했어요. 19세기 후반에 시작돼 20세기 초까지 이어진 문예 부흥은 아일랜드 문학의 꽃을 피웠고, 나아가 더블린에 유명한 애비 극장이 설립되는 계기가 되었어요.

엘리저 유드코프스키(1979~)는 미국의 인공지능 과학자이자 작가예요. 그는 특이점 개념을 연구하는 비영리단체 기계지능 연구소를 공동으로 설립했어요.

나오며

생각 대장과 함께 시작한 철학 탐험이 끝나면 여러분 어깨에 멘 가방이 다시 묵직해진 것을 느낄 수 있을 거예요. 그러나 이번에는 좀 달라요. 전에 없던 이상하고 경이로운 것들이 가방을 잔뜩 채우고 있을 테니까요.

가방을 천천히 열어 안을 들여다보면 바스락거리는 소리가 들릴 거예요. 바로 세상이 돌아가는 음악 소리예요. 그리고 거북이가 가져온 흙이 보일 거예요. 게다가 은빛 나뭇가지, 단단한 단두용 도끼, 좌선용 방석도 찾을 수 있어요. 가방 안으로 더 깊이 손을 뻗어보세요. 물개 가죽과 여우 가죽도 나올 거예요. 마지막으로 가방 바닥을 뒤져보면 물병 하나가 나올 거예요. 그러면 "물을 가져왔느냐?"라고 한 비슈누의 질문이 머릿속에 바로 떠오를 테지요.

모험이 끝나면 여러분은 많은 철학적 물음과 통찰을 이해하게 되고, 궁금한 것이 더 많아질 수도 있어요. 반면에 어떻게 된 일인지 오히려 아는 것이 더 적어졌다는 사실도 깨닫게 될 거예요. 많은 이야기를 듣고 깨달음을 가졌는데도 의문이 가득해서 불안할지도 몰라요. 하지만 모른다는 것은 궁금증을 낳고, 궁금증은 호기심과 또 다른 모험으로 이어져요. 그렇게 여러분이 가진 생각의 그릇인 사고력이 더 커질 거예요.

생각 대장도 여러분과 마찬가지예요. 게다가 여전히 궁금한 것이 많은 생각 대장은 탐험을 멈추지 않을 거예요. 세상엔 더 재밌고 경이로운 것들이 가득하다는 사실을 잘 알고 있으니까요. 자, 여러분도 탐험을 다시 시작할 준비가 되었나요?

옮긴이 허성심

제주대학교 수학교육과를 졸업하고, 같은 학교 통번역대학원에서 석사 학위와 영문과에서 박사 학위를 받았다. 제주대학교 통번역센터 연구원과 통번역대학원 강사로 있었고, 지금은 대학 교양 영어를 가르치고 있으며 글밥아카데미 수료 후 바른번역 소속 번역가로 활동하고 있다. 옮긴 책으로 『1일 1페이지, 세상에서 가장 짧은 교양 수업 365』, 『덤벼! 플라스틱』, 『심심할 때 우주 한 조각』, 『어떻게 최고를 이끌어낼 것인가』, 『미래의 교육을 설계한다』, 『수학으로 이해하는 암호의 원리』, 『단테의 인생』, 『차원이 다른 수학』, 『놀면서 크는 우리 아이 수학력』 등이 있다.

동화와 신화 속에 숨겨진
26가지 생각 씨앗을 찾아서

철학의 숲

초판 1쇄 발행 2020년 8월 26일
초판 20쇄 발행 2024년 5월 14일

지은이 브렌던 오도너휴 **옮긴이** 허성심
펴낸이 김선준

편집이사 서선행
책임편집 배윤주 **편집2팀** 유채원
디자인팀 정란, 엄재선, 김세민, 김예은
본문 일러스트 폴라 맥글로인
마케팅팀 권두리, 이진규, 신동빈
홍보팀 조아란, 장태수, 이은정, 권희, 유준상, 박미정, 박지훈
경영관리팀 송현주, 권송이

펴낸곳 ㈜콘텐츠그룹 포레스트 **출판등록** 2021년 4월 16일 제2021-000079호
주소 서울시 영등포구 여의대로 108 파크원타워1 28층
전화 02) 332-5855 **팩스** 070) 4170-4865
홈페이지 www.forestbooks.co.kr

ISBN 979-11-89584-79-5 (43100)

㈜콘텐츠그룹 포레스트는 독자 여러분의 책에 관한 아이디어와 원고 투고를 기다리고 있습니다. 책 출간을 원하시는 분은 이메일 writer@forestbooks.co.kr로 간단한 개요와 취지, 연락처 등을 보내주세요. '독자의 꿈이 이뤄지는 숲, 포레스트'에서 작가의 꿈을 이루세요.